Quick Guide

Reihe herausgegeben von

Springer Fachmedien Wiesbaden, Wiesbaden, Deutschland

Quick Guides liefern schnell erschließbares, kompaktes und umsetzungsorientiertes Wissen. Leser erhalten mit den Quick Guides verlässliche Fachinformationen, um mitreden, fundiert entscheiden und direkt handeln zu können.

Tatjana Müller

Quick Guide Professionelles Content-Management

Wie Sie zielgruppengerechten Content planen, erstellen und steuern

Tatjana Müller
Frankfurt am Main, Deutschland

ISSN 2662-9240   ISSN 2662-9259 (electronic)
Quick Guide
ISBN 978-3-658-45813-3   ISBN 978-3-658-45814-0 (eBook)
https://doi.org/10.1007/978-3-658-45814-0

Die Deutsche Nationalbibliothek verzeichnet diese Publikation in der Deutschen Nationalbibliografie; detaillierte bibliografische Daten sind im Internet über https://portal.dnb.de abrufbar.

© Der/die Herausgeber bzw. der/die Autor(en), exklusiv lizenziert an Springer Fachmedien Wiesbaden GmbH, ein Teil von Springer Nature 2024

Das Werk einschließlich aller seiner Teile ist urheberrechtlich geschützt. Jede Verwertung, die nicht ausdrücklich vom Urheberrechtsgesetz zugelassen ist, bedarf der vorherigen Zustimmung des Verlags. Das gilt insbesondere für Vervielfältigungen, Bearbeitungen, Übersetzungen, Mikroverfilmungen und die Einspeicherung und Verarbeitung in elektronischen Systemen.
Die Wiedergabe von allgemein beschreibenden Bezeichnungen, Marken, Unternehmensnamen etc. in diesem Werk bedeutet nicht, dass diese frei durch jede Person benutzt werden dürfen. Die Berechtigung zur Benutzung unterliegt, auch ohne gesonderten Hinweis hierzu, den Regeln des Markenrechts.
Der Verlag, die Autor*innen und die Herausgeber*innen gehen davon aus, dass die Angaben und Informationen in diesem Werk zum Zeitpunkt der Veröffentlichung vollständig und korrekt sind. Weder der Verlag noch die Autor*innen oder die Herausgeber*innen übernehmen, ausdrücklich oder implizit, Gewähr für den Inhalt des Werkes, etwaige Fehler oder Äußerungen. Der Verlag bleibt im Hinblick auf geografische Zuordnungen und Gebietsbezeichnungen in veröffentlichten Karten und Institutionsadressen neutral.

Planung/Lektorat: Angela Meffert
Springer Gabler ist ein Imprint der eingetragenen Gesellschaft Springer Fachmedien Wiesbaden GmbH und ist ein Teil von Springer Nature.
Die Anschrift der Gesellschaft ist: Abraham-Lincoln-Str. 46, 65189 Wiesbaden, Germany

Wenn Sie dieses Produkt entsorgen, geben Sie das Papier bitte zum Recycling.

Vorwort

„Du schreibst also Texte?" Dies ist vermutlich eine der häufigsten Fragen, die Berufstätige im Bereich Content-Management regelmäßig hören. Tatsächlich ist dieses Aufgabengebiet mit all seinen (teilweise technischen) Herausforderungen schwierig zu greifen für all diejenigen, die sich nicht im Detail damit beschäftigen müssen – selbst für Marketing-Expert*innen können sich allein durch das Thema Suchmaschinenoptimierung ständig neue Komplexitäten ergeben. Daher ist „Texte schreiben" zwar in gewisser Weise richtig, jedoch viel zu kurz gegriffen, um Content-Management zu beschreiben. Vor allem, weil sich das Wort „Content" schon lange nicht mehr nur auf das geschriebene Wort konzentriert. Bilder, Videos, Podcasts, Infografiken – die Möglichkeiten für Unternehmen, interessante und unterhaltsame Inhalte zu generieren, sind zahlreich und vielfältig. Doch auch bei der Erstellung von Content hört die Arbeit von Content-Manager*innen nicht auf: Da wären noch unter anderem Content-Strategie, Content-Analyse, Künstliche Intelligenz und SEO, um nur ein paar Aspekte zu nennen. Das Berufsfeld bedarf einer strukturellen und systematischen Vorgehensweise, unter anderem durch technische Anforderungen, die Suchmaschinen an Inhalte stellen. Zugleich ist es aber auch im Wandel und fordert immer wieder Offenheit gegenüber neuen Technologien und Entwicklungen. Das macht das Thema Content-Management sowohl komplex als auch spannend.

Wo aber nun beginnen, um professionelles Content-Management zu beschreiben? Dieses Buch hat das Ziel, sowohl eine Einführung in das Thema zu sein als auch ein Ratgeber für Marketing-Expert*innen, die sich stärker mit Themen wie Content-Marketing und Content-Management beschäftigen möchten. Zudem finden Content-Manager*innen hier hilfreiche Tipps für die praktische Umsetzung. Dieser Quick Guide liefert Definitionen, Beschreibungen, Tipps, Inspiration und Beispiele aus der Praxis. Dabei ist zu betonen, dass jedes Kapitel dieses Quick Guides auch ein ganzes Buch für sich füllen könnte. Die Themen Suchmaschinenoptimierung und Künstliche Intelligenz zum Beispiel spielen eine besonders zentrale Rolle für professionelles

Content-Management und sind so umfangreich, dass sie in Gänze innerhalb einer Einführung nicht abbildbar sind. Trotz allem wird dieser Quick Guide eine erste hilfreiche Übersicht über diese Themen geben – immer mit Blick auf die Frage, inwiefern Content-Manager*innen von ihnen betroffen sind und was dies für ihren Arbeitsalltag bedeutet. Weiterhin konzentriert sich dieses Buch im Rahmen der Praxisbeispiele – und sei dies noch so kontrovers zu dem Anfang dieses Vorworts – auf die Erstellung von geschriebenem Content, also auf die Erstellung von suchmaschinenoptimierten Texten innerhalb eines Unternehmenskontextes bzw. für Unternehmen. Auch wenn der Beruf von Content-Manager*innen wie erwähnt Formate wie Podcasts, Videos oder Bilder umfasst, wird der Fokus dieses Buchs auf dem geschriebenen Wort liegen. Andere Formate kommen nur am Rande vor, unter anderem als Beispiele. Fragen, die dieses Buch beantwortet, sind unter anderem:

- Wie gelingt professionelles Content-Management?
- Was umfasst der Beruf von Content-Manager*innen?
- Wie baut man eine fundierte Content-Strategie auf?
- Welche Rolle spielen die Themen Suchmaschinenoptimierung und Künstliche Intelligenz? Wie sehen diese in der Praxis aus?
- Welche Aufgaben warten auf Content-Manager*innen als Führungskräfte? Wie findet man die passenden Texter*innen für ein Content-Team?
- Wie sieht die Zukunft des Content-Managements aus?

Ob nun Marketing-Fachkraft mit Erfahrung, Content-Manager*innen mitten im Berufsleben oder Quereinsteiger*innen: Dieses Buch greift die wichtigsten Aspekte rund um das Thema Content-Management auf, erläutert diese und gibt konkrete Tipps für die Umsetzung. Vorerfahrungen im Thema Suchmaschinenoptimierung sind beim Lesen dieses Quick Guides hilfreich, jedoch findet sich am Ende dieses Buchs auch ein Glossar, in dem die wichtigsten SEO-Begriffe beschrieben sind. Zuletzt ist noch zu erwähnen, dass dieses Werk vor dem Hintergrund individueller und echter Berufserfahrung entstanden ist: Alle hier beschriebenen Strategien, Methoden und Beispiele habe ich in der Praxis angewandt und somit erprobt – in der Hoffnung, auch andere Kolleg*innen aus dem Bereich Content-Management zu unterstützen und für die Erstellung von zielgruppengerechtem Content zu inspirieren.

Viel Spaß beim Lesen und Kreativsein,
Tatjana Müller

Frankfurt am Main   Tatjana Müller

Über die Autorin

Tatjana Müller, geboren 1989, begann ihren Werdegang im Content-Bereich bereits neben dem Englisch- und Politikwissenschaftsstudium und war dabei als Redakteurin für diverse Print- und Onlinemedien tätig. Danach arbeitete sie als PR-Texterin für verschiedene Kommunikationsagenturen. 2017 kündigte sie ihren festen Job, um sich den Traum der Selbstständigkeit und des ortsunabhängigen Arbeitens zu erfüllen. Als freiberufliche Texterin und Textberaterin schrieb sie vor allem für die IT- und Tourismusbranche und bloggte währenddessen über die Höhen und Tiefen des Freelancer-Lebens. Daraus resultierte ihr erstes Buch „Freiberufler werden. Selbstständig machen mit Mut, Muße und dem richtigen Mindset", das 2023 bei Springer Gabler erschien. Tatjana Müller arbeitete außerdem als Content-Managerin mit Fokus SEO in einem internationalen Unternehmen sowie im Startup-Bereich und betreute kleine Texter-Teams. Sie lebt in Frankfurt am Main.

In diesem Buch fasst sie ihre langjährige Content-Erfahrung zusammen und gibt wertvolle Praxistipps – für Einsteiger*innen, Content-Manager*innen und auch für Marketing-Expert*innen, die mehr über Content-Management erfahren oder entsprechende Arbeitskräfte einstellen möchten.

Inhaltsverzeichnis

1 **Content und Content-Management – eine Einleitung** 1
   1.1 Was ist Content-Management? 2
   1.2 Das Content-ABC: Was genau ist und kann Content? 4
   Literatur 9

2 **Der Beruf von Content-Manager*innen.** 11
   2.1 Was sind die Rollen von Content-Manager*innen? 12
   2.2 Welche Eigenschaften und Fähigkeiten brauchen
Content-Manager*innen? 15
   2.3 Was sind die Aufgaben von Content-Manager*innen? 17
   2.4 Welche Fehler sollten Content-Manager*innen vermeiden? 22
   2.5 Wie wird man Content-Manager*in? 25

3 **Content-Strategie** 27
   3.1 Wie setzt sich eine Content-Strategie zusammen? 28
   3.2 Wie funktionieren Content-Audit und Content-Mapping? 34
   3.3 Warum gehört Content-Tracking zu einer Content-Strategie? 35
   Literatur 37

4 **Zentrale Content-Formate** 39
   4.1 Unternehmenswebsite 40
   4.2 Unternehmensblog 43
   4.3 Whitepaper und E-Book 44

5 **Suchmaschinenoptimierung** 47
   5.1 Was ist Suchmaschinenoptimierung und welche Rolle spielt
es im Content-Management? 48
   5.2 Welche Faktoren beeinflussen das Suchmaschinen-Ranking
von Content? 50

5.3 Was bedeutet SEO für Content-Manager*innen in der Praxis? 53
5.4 Warum ist SEO eine langfristige Aufgabe? 58
Literatur 59

6 Stilistische Tipps für Content-Manager*innen 61
6.1 Wie leitet sich der Sprachstil aus der Zielgruppe ab?............ 62
6.2 Wie wichtig ist inklusive Sprache?........................ 62
    6.2.1 Welche Gründe sprechen für die Nutzung von inklusiver Sprache? Welche dagegen?.............. 63
    6.2.2 Können SEO und inklusive Sprache zusammen funktionieren?................................... 64
    6.2.3 Sollte inklusive Sprache ein Teil des stilistischen Leitfadens sein? 65
6.3 Wozu brauchen Content-Manager*innen Storytelling? 66
Literatur 69

7 Von der Idee bis zum finalen Content Piece 71

8 Content-Management mit KI: Chancen und Risiken.............. 77
8.1 Was ist Künstliche Intelligenz?........................... 78
8.2 Welche Chancen bringt KI für das Content-Management? 78
8.3 Welche Risiken durch KI können für das Content-Management bestehen?.......................... 79
8.4 Was bedeutet KI für die Zukunft von Content-Manager*innen? ... 80
8.5 Wie verfasst man einen guten Prompt?..................... 81
Literatur 82

9 Teamverantwortung: Content-Manager*innen als Führungskräfte... 83
9.1 Mit welchen Fragen findet man passende Texter*innen für das Team? 84
9.2 Wie gelingt eine erfolgreiche Zusammenarbeit mit Texter*innen? 85

10 Abteilungsübergreifende Kommunikation und Zusammenarbeit 87

11 Die Zukunft des Content-Managements 91

12 Das Wichtigste rund um Content-Management aus diesem Buch 93

Glossar 97

Content und Content-Management – eine Einleitung 1

Zusammenfassung

Dieses Kapitel dient als Einleitung in das Thema Content-Management. Es enthält sowohl Definitionen der Begriffe Content-Management und Content-Marketing als auch erste Beispiele und Erläuterungen zum entsprechenden Aufgabenfeld. Des Weiteren ist in Form eines Content-Alphabets dargestellt, was hinter dem Begriff „Content" steckt – und warum dieser eine wichtige Komponente des Unternehmenserfolgs ist.

Was Sie aus diesem Kapitel mitnehmen
- Definitionen der Begriffe „Content-Management" und „Content-Marketing"
- Ziele von Content-Management und Content-Marketing
- Das Potenzial von Content in Form eines Content-Alphabets

Bevor sich dieses Buch dem Beruf und Arbeitsalltag von Content-Manager*innen widmet, soll es in einem ersten Schritt darum gehen, die Begriffe „Content-Management" und „Content-Marketing" genauer zu erläutern. Wie lässt sich Content-Management definieren? Was steckt hinter dem Wort „Content"? Und warum hat es im Marketing sowie für den Erfolg von Unternehmen so eine immense Bedeutung? Dies und mehr beantworten die folgenden Abschnitte.

1.1 Was ist Content-Management?

Zu Content-Management gehören, grob formuliert, die Planung, Erstellung, Veröffentlichung und Analyse von Inhalten in unterschiedlichen Formaten. Dabei kann es sich um Text-, Bild-, Video- oder auch Audio-Content handeln, der kanalübergreifend zum Einsatz kommt. Mithilfe von Content-Management lassen sich die Ziele umsetzen, die man sich als Unternehmen im Rahmen von Content-Marketing gesetzt hat. Als Aufgabenbereich fällt es demnach in den Bereich Marketing. Um Content-Management zu verstehen und einordnen zu können, ist im ersten Schritt ein Blick auf die Definition von Content-Marketing notwendig.

Content-Marketing ist eine Marketing-Technik, bei der es darum geht, über zielgruppengerechte Inhalte auf unterschiedlichen Kommunikationskanälen Aufmerksamkeit und Reichweite zu generieren – und um letztendlich so neue Kunden und Kundinnen zu gewinnen und Umsatz zu erzielen. Oder konkreter gesagt: „Im Content Marketing werden werthaltige und auf die Zielgruppe zugeschnittene Inhalte produziert, um sie zum passendsten Zeitpunkt auf dem konversionsstärksten Distributions-Kanal an die Zielgruppe auszuspielen" (Grunert, 2019, S. 3).

Ziele von Content-Marketing – und somit auch von Content-Management – sind demnach unter anderem:

- Expertise und Know-how eines Unternehmens kreativ und nutzwertig darstellen und so Interessenten einen Mehrwert bieten
- Aufmerksamkeit, Reichweite und Sichtbarkeit bei der Zielgruppe generieren
- Vertrauen der Zielgruppe gewinnen
- Interesse bei potenziellen Kunden und Kundinnen wecken
- Positionierung innerhalb des Marktes bzw. des Wettbewerbs
- Image aufbauen, verbessern bzw. aufrechterhalten
- Besuchszahlen auf einer Website erhöhen
- Neue Kunden und Kundinnen gewinnen bzw. Beziehungen zu ihnen aufbauen
- Umsatz generieren

Content-Marketing und Content-Management sind langfristige Aufgaben für ein Unternehmen, unabhängig von dessen Größe. Ob nun Großkonzern, Mittelstand, kleine Agentur, Start-up oder Freiberufler*in: Wer sichtbar für eine bestimmte Zielgruppe sein möchte, kommt an Content-Marketing bzw. Content-Management nicht vorbei. Entsprechend relevant ist daher die Rolle des Content-Managers bzw. der Content-Managerin.

1.1 Was ist Content-Management?

Content-Formate, die im Rahmen von Content-Management und Content-Marketing zum Einsatz kommen können, sind unter anderem:

- **Schriftlicher Content:** E-Books, Whitepaper, Websitetexte, Blogartikel, Pressemeldungen, Interviews, Social-Media-Posts, Mailings etc.
- **Visueller Content:** Bilder, Bildergalerien und Infografiken
- **Audiovisueller Content:** Videos, Podcasts und Webinare

So umfangreich wie die möglichen Formate sind mittlerweile auch die Kanäle, über die man Content veröffentlichen und streuen kann. Dabei unterscheidet man zwischen Earned Media, Owned Media und Paid Media.

- **Owned Media:** Hierzu zählen die unternehmenseigenen Kanäle wie Website, Blog, Newsletter und Social-Media-Profile.
- **Paid Media:** Zu dieser Kategorie gehören Kanäle, die Unternehmen bezahlen, wie Search Engine Advertising (SEA), Banneranzeigen und Social-Media-Anzeigen.
- **Earned Media:** Hierbei handelt es sich um Kanäle, die den erstellten Content eines Unternehmens „freiwillig" teilen, veröffentlichen und darauf aufmerksam machen. Diese unbezahlte Werbung erfordert qualitativ hochwertiges Content-Marketing, Content-Management und Suchmaschinenoptimierung, damit sie überhaupt gelingen kann.

▶ **Hinweis** Beim Content-Marketing bzw. Content-Management geht es nicht darum, absolut jeden möglichen Content auf jedem vorhandenen Kanal zu verbreiten. Je nach Thema, Branche, Content-Ziel, Zielgruppe und vorhandenen Ressourcen sind nur ausgewählte Content-Formate und Kanäle sinnvoll.

Die Content-Maßnahmen, die Content-Manager*innen während ihrer Tätigkeit umsetzen, sind zudem messbar bzw. sollten messbar gemacht werden, damit die Erfolge des eigenen Content-Marketings auch zu erkennen und langfristig nachvollziehbar sind.

Das funktioniert zum Beispiel über:

- **Organic Visits:** Wie oft wurde eine Website besucht, nachdem jemand auf ein unbezahltes Suchergebnis in einer Suchmaschine geklickt hat? Wie viele solcher Klicks hat eine Website innerhalb eines Monats generiert?
- **Verweildauer:** Wie lange hielten sich die Nutzer*innen auf einer Seite auf?
- **Downloads:** Wie viele Nutzer*innen haben ein E-Book heruntergeladen?
- **Suchmaschinen-Rankings:** Wie gut positioniert sich der Content im Suchmaschinen-Ranking?

Hoher organischer Traffic ist eines der wichtigsten Ziele von Suchmaschinenoptimierung, die wiederum eine der relevantesten Aufgabenfelder von Content-Manager*innen ist. Wie dieses Ziel im Content-Management genau erreicht werden kann, wird im Laufe dieses Buches beispielhaft erklärt.

1.2 Das Content-ABC: Was genau ist und kann Content?

Content ist ein Multitalent. Ein kurzes Wort, hinter dem aber mit der richtigen Strategie viel mehr steckt als einfach „ein abgetippter Text" oder ein „schönes Bild". Content kann Unternehmensphilosophien veranschaulichen, Botschaften senden, die gewünschte Zielgruppe erreichen und Unternehmen zum nächsten Erfolg führen – sei es für das Image, die Umsatzzahlen oder das Wachstum in Form von zukünftigen Mitarbeitenden. Das folgende Content-Alphabet zeigt, welche 26 Wörter sich hinter dem Begriff Content verbergen – und gibt gleichzeitig eine Vorschau auf die Inhalte dieses Buchs.

A wie Aufmerksamkeit
Ein neues Produkt vorstellen, für eine Dienstleistung oder ein Event werben oder eine nachhaltige Unternehmenskultur in den Fokus rücken: Der richtige Content auf den passend ausgewählten Kanälen verschafft die entsprechende Aufmerksamkeit bei der Zielgruppe. Wichtig ist dabei eine klare Content-Strategie.

B wie Botschaften
Was auch immer der Öffentlichkeit vermittelt werden soll: Gezielt konzipierter Content transportiert Botschaften an Interessent*innen und zukünftige Kund*innen. Zu berücksichtigen ist dabei vor allem eine zielgruppengerechte Ansprache. Was soll wie bei wem ankommen und aus welchen Gründen?

C wie Customer Journey
Bevor Interessent*innen zu Käufer*innen werden, durchlaufen diese verschiedene Phasen. Eine wichtige Aufgabe im Content-Management ist es, Content für jede dieser möglichen Phasen zu erstellen, um potenzielle Customer anzusprechen und abzuholen, egal an welcher Station ihrer Journey sie sich gerade befinden. Ist es die Phase, in der Basisinformationen notwendig sind? Oder braucht es an dieser Stelle schon tiefer gehendes Expertenwissen? Auf die jeweilige Phase zugeschnittener Content liefert den Customern genau die Beratung, die sie benötigen, und führt somit zur nächsten Stufe des Kaufprozesses.

D wie Durchdacht

Hinter einem Blogbeitrag, einem Fachartikel oder einer Website steckt im Idealfall ein gut durchdachtes Konzept. Was soll ein Text aussagen? Für wen ist dieser geschrieben? Welche Fakten sind dabei relevant und was weckt das Interesse der Leserschaft? Wenn Content erfolgreich sein soll, dann muss dieser qualitativ hochwertig und daher logisch und strukturiert sein.

E wie Expertise

Wenn die Zielgruppe von der Expertise eines Unternehmens erfahren soll, stehen mithilfe von Content zahlreiche Möglichkeiten zur Verfügung: Ein Fachartikel kann erläutern, warum ein neues Produkt innovativ ist. In einem Blogbeitrag lässt sich ausführen, warum die Zielgruppe mit einer Dienstleistung zu dem gewünschten Erfolg kommt – alles verpackt in einer Story, die sachlich, aber überzeugend ist und ganz nebenbei Leser*innen einen Mehrwert bietet.

F wie Fakten

Storytelling, Metaphern, Zitate – diese Stilmittel sind wichtig und gehören je nach Thema und Branche zu gutem Content. Allerdings sind die Fakten nicht zu vergessen: Konkrete Beispiele sowie überzeugende Prozentsätze, Quellen und Studien dienen dazu, die Botschaften und Informationen aus dem Content zu untermauern. Dabei sollte man sachlich und ehrlich bleiben und auf leere Versprechen verzichten, um das Vertrauen der Zielgruppe zu gewinnen.

G wie Gefühle

Content kann Aufmerksamkeit wecken, Wissen vermitteln, Fakten liefern – sowie Gefühle auslösen. Die richtigen Worte, Formulierungen, Fragen und Geschichten führen zu Emotionen bei Leser*innen. Welche Gefühle sollen bei der Zielgruppe geweckt werden? Welche Gedankengänge und Wünsche soll Content auslösen? Und wie fängt sie der Content danach wieder auf? Storytelling ist in diesem Rahmen ein Schlagwort.

H wie Humor

Content soll unter anderem Fakten liefern und sachlich überzeugend sein. Das bedeutet aber nicht, dass er nicht auch humorvoll sein darf. Sofern Ziel, Zielgruppe, Thema und Kanal es zulassen, ist es erlaubt, die Zielgruppe zum Lachen oder Schmunzeln zu bringen, zum Beispiel durch eine kreative Überschrift. Wichtig ist dabei, den Hauptzweck des Contents nicht aus den Augen zu verlieren.

I wie Interesse wecken
Was interessiert die Zielgruppe? Wie weckt man dieses Interesse durch Botschaften, Informationen, Fakten und das entsprechende Storytelling? Wie hält man es aufrecht? Sind diese Punkte durch eine Zielgruppenanalyse sowie in einem Content-Konzept bzw. in einer Content-Strategie vereint, liegt das Interesse der Zielgruppe auf Seite des Unternehmens.

J wie Jahresplan
Welche Themen sind zu welchem Zeitpunkt wichtig? Welche Content-Formate sind zu welchem Zeitpunkt sinnvoll und umsetzbar? Welche Content-Ziele gibt es in welchem Quartal zu erreichen? Anhand eines jährlichen Marketing-Plans lässt sich nicht zuletzt auch ein Content-Plan ablesen bzw. sollten Marketing-Plan und Content-Strategie Hand in Hand gehen.

K wie Kreativität
Content-Management lebt von Kreativität. Ob es sich nun um die Wahl des Formats (Checkliste, Infografik, Quiz, Bildergalerie etc.) handelt, um Tonalität, Farbauswahl oder Stilmittel – Content muss interessant, mitreißend und überzeugend sein – und das gelingt nur durch Ideenreichtum und Kreativität.

L wie Lückenlos
Qualitativ hochwertiger Content weist keine Lücken auf. Konkret bedeutet das: Er liefert alle relevanten Informationen, die für die Zielgruppe – ob nun potenzielle Käufer*innen, Geschäftspartner*innen oder Mitarbeitende – von Bedeutung sind. Dabei bauen diese Informationen aufeinander auf, überzeugen und schaffen Vertrauen.

M wie Multimedia
Online-Magazine, Social Media, Printbroschüren, Tageszeitungen, Newsletter: An Kanälen für die Kommunikation mangelt es nicht. Doch nicht jedes Unternehmen muss zwangsläufig jeden Kanal nutzen. Wichtig ist, wo sich die Zielgruppe aufhält und wo sie zu erreichen ist. Um authentisch zu bleiben, sollte sich ein Unternehmen auch genau überlegen, welcher Kanal oder welche Medien zu ihm passen – und den Content entsprechend aufbereiten.

N wie Nutzen
Qualitativ hochwertiger Content ist nützlich für den Leser bzw. die Leserin. Das bedeutet konkret: Die dabei übermittelten Informationen haben einen Mehrwert und erhöhen den Wissensstand der Leser*innen – und bringen sie sozusagen in der Customer Journey eine Stufe voran.

1.2 Das Content-ABC: Was genau ist und kann Content?

O wie Organisation
Wenn Content langfristig funktionieren soll, führt der Weg über Organisation in Form einer Content-Strategie: Welche Themen sind wichtig? Auf welchen Kanälen? In welchen Abständen? Gibt es Events oder Feiertage, die zu berücksichtigen sind? Eine langfristige Content-Strategie besteht aus einem Content- oder auch Redaktionsplan, an dem man sich Quartal für Quartal (oder wahlweise Monat für Monat oder Woche für Woche) entlanghangeln kann. Die Analyse der Maßnahmen ist bei dieser Organisation nicht zu vergessen.

P wie Prägnanz
„Hätte ich Zeit gehabt, hätte ich mich kurzgefasst." Schon Goethe wusste, dass kurze Texte mehr Zeit und Mühe in Anspruch nehmen. Schließlich gilt es dann, alle relevanten Informationen in wenige Worte zu verpacken. Vor allem „Snackable Content" und Zeichenbegrenzungen im Rahmen der Suchmaschinenoptimierung fordern von Content-Manager*innen, sich kurzfassen zu können. Wiederholungen und Ausschweifungen, die nur den Platz füllen und Leser*innen nicht weiterbringen, sollten vermieden werden.

Q wie Qualität
Content muss qualitativ hochwertig sein. Das klingt logisch, doch die Bedeutung von Qualität geht in Zeiten der Suchmaschinenoptimierung über „gut geschrieben" und „fehlerfrei" hinaus. Glaubwürdigkeit und Einzigartigkeit sowie die Einhaltung der wichtigsten (und zahlreichen) SEO-Richtlinien sind das Mindestmaß.

R wie Reichweite
Eines der wichtigsten Ziele im Content-Management ist es, Reichweite zu generieren. Je zielgruppenorientierter und hochwertiger Content ist, umso besser fallen Suchmaschinen-Rankings aus und umso höher wird die Reichweite dieser Inhalte sein.

S wie SEO
Suchmaschinenoptimierung ist eines der wichtigsten Aufgabengebiete im Content-Management. Einmal erstellter Content soll gut in den Suchmaschinen performen, also weit oben in den Suchergebnissen stehen. Das erfordert unter anderem technisches Wissen und einen langen Atem – denn SEO ist ein Marathon.

T wie Treue
Jedes Unternehmen wünscht sich die Treue seiner Kunden und Kundinnen. Diese muss es sich allerdings erst einmal verdienen. Qualitativ hochwertiger Content

kann das in einem ersten Schritt schaffen, durch eine nicht abbrechende und lückenlose Kommunikation. Dies sorgt für Vertrauen und auf lange Sicht auch Treue, ob nun von Kund*innen oder Geschäftspartner*innen.

U wie Unique
Content muss einzigartig sein. Nicht nur, um zu überzeugen und glaubwürdig bzw. authentisch zu sein, sondern auch aus technischen Gründen. Duplicate Content ist ein Schlagwort in der Suchmaschinenoptimierung und ein No-Go im Content-Management. Mehrfach veröffentlichter Content auf einer Website oder gar kopierte Texte führen nicht zu Erfolg, sondern eher zum Gegenteil.

V wie Vertrauen
Einem abgeschlossenen Vertrag oder Kaufprozess geht immer eine Sache voraus: Vertrauen. Content muss beweisen, dass man die Zielgruppe und deren Herausforderungen versteht und eine entsprechende Lösung parat hat. Je besser dies gelingt, umso größer wird das Vertrauen der Zielgruppe.

W wie Wiederverwendbarkeit
Gibt es so etwas wie Content-Recycling? Ja, das gibt es. Dabei handelt es sich schlichtweg darum, bereits vorhandenen Content durch Anpassungen zu etwas Neuem zu machen. Doch Vorsicht: Plagiate und Kopien sind zu vermeiden. Neue Kombinationen aus mehreren Artikeln, die Aufteilung eines Blogbeitrags in mehrere Social-Media-Posts oder auch die Umwandlung eines Texts in eine Infografik sind gute Beispiele für Content-Recycling.

X und Y
Diese Buchstaben kommen im vorliegenden Werk für Beispiele zum Einsatz, zum Beispiel für die Beschreibung „Person X" oder „Person Y".

Z wie Zielgruppenorientierung
Bevor Content-Manager*innen Content erstellen und veröffentlichen können, bedarf es einer analytischen Vorarbeit: An wen richtet sich der Content? Ist es der Geschäftsführer oder die Geschäftsführerin eines mittelständischen Unternehmens? Sind es Personalverantwortliche, Marketing-Manager oder IT-Fachkräfte? Welche Ziele haben diese Personen? Was beschäftigt sie? Und wie spricht man diese Personen an, um eine Lösung zu präsentieren? Erfolgreicher Content ist auf eine Zielgruppe zugeschnitten sowie auf die Kanäle, auf denen sie sich bewegt. So erhalten Unternehmen genau die Aufmerksamkeit, die sie sich wünschen.

Anhand dieses Content-Alphabets ist deutlich zu erkennen, warum Content im Marketing und im Unternehmenskontext nicht mehr wegzudenken ist, dient er doch als vielseitiges und ausschlaggebendes Instrument im Wettbewerb um Reichweite, Sichtbarkeit und Umsatz.

> **Transfer in die Praxis**
> Überlegen Sie:
>
> - Haben Sie bereits das volle Potenzial von Content ausgeschöpft?
> - Gibt es noch Formate, die Sie gerne einmal ausprobieren würden und die Ihrer Zielgruppe gefallen könnten?
> - Haben Sie alle Ziele vor Augen, die Sie mit Content erreichen können? Oder ist hier noch Luft nach oben?
> - Für welche Zwecke nutzen Sie Content und führt dies zum gewünschten Ergebnis?
>
> Verschaffen Sie sich einen Überblick über Ihre vergangenen Content-Maßnahmen und lasse Sie sich von den folgenden Kapiteln inspirieren.

Literatur

Grunert, G. (2019). *Methodisches Content-Marketing. Erfolgreich durch systematisches Vorgehen, integriertes Arbeiten und klare ROI-Orientierung.* Springer Gabler.

Der Beruf von Content-Manager*innen 2

Zusammenfassung

Content-Management erfordert mehr, als Texte zu schreiben. Doch welche Rollen erfüllen Content-Manager*innen? Welche Ziele verfolgen sie? Was sind ihre genauen Aufgaben? Welche Fähigkeiten müssen sie mitbringen, um ihren Job erfolgreich auszuführen? Und welche Fehler sollten sie vermeiden? Dies und mehr verrät dieses Kapitel.

Was Sie aus diesem Kapitel mitnehmen
- Übersicht über die unterschiedlichen Rollen, die Content-Manager*innen erfüllen
- Überblick über die Aufgabengebiete von Content-Manager*innen
- Liste von Fähigkeiten, die erfolgreiches Content-Management erfordert
- Fehler, die im Content-Management zu vermeiden sind

Wer sich unterschiedliche Stellenanzeigen mit dem Titel „Content-Manager*in" durchliest, wird zwar immer sehr ähnliche, aber nie identische Tätigkeitsbeschreibungen vorfinden. Das liegt daran, dass der Positionstitel „Content-Manager*in" kein geschützter Begriff ist und je nach Unternehmen der Fokus und die Aufgaben für diesen Job divergieren können. So fällt bei dem einen Unternehmen unter die Position des Content-Managers bzw. der Content-Managerin ein starker Fokus auf Social Media, während bei einem anderen ein*e Social-Media-Manager*in diese Aufgabe übernimmt und der gesuchte Content-Manager bzw.

die gesuchte Content-Managerin sich auf Website-Content oder Content zur Lead-Generierung fokussieren soll. Wie auch immer ein Unternehmen diese Rolle definiert, alle Content-Manager*innen haben jedoch eines gemeinsam: Sie planen, erstellen, überarbeiten, veröffentlichen und analysieren nutzwertigen Content für ein Zielpublikum. Die folgenden Abschnitte zeigen, welche Rolle Content-Manager*innen zumeist zukommt, welche Aufgaben sie erfüllen, welche Eigenschaften und Fähigkeiten sie dafür mitbringen müssen und – für die Studierenden unter den Lesenden dieses Buchs – wie man Content-Manager*in werden kann.

2.1 Was sind die Rollen von Content-Manager*innen?

Texte schreiben, Websites betreuen, Infografiken basteln, Social-Media-Kanäle füllen – mit diesen kreativen Aufgaben wird der Job von Content-Manager*innen meistens in Verbindung gebracht. Dies ist auch korrekt. Jedoch steckt hinter der Rolle von Content-Manager*innen viel mehr:

Zielgruppen-Expert*in und Content-Ersteller*in
Ob Pressemeldung, Website-Texte oder Fachartikel – die Ziele von Content-Manager*innen liegen darin, Inhalte nutzwertig, informativ und zielgruppengerecht aufzubereiten. Das bedeutet, dass jedes Content Piece vorab eine (mal größere und mal kleinere) Analyse erfordert. Was will die Zielgruppe des Textes? Wie sendet man die richtige Botschaft? Wie kann man das richtige Wissen vermitteln und die Leserschaft überzeugen? Das sind drei der Hauptfragen, die sich Content-Manager*innen tagtäglich stellen müssen. Dabei geht es nicht nur darum, neuen Content zu erstellen, sondern auch darum, vorhandenen „alten" Content regelmäßig zu sichten und zu pflegen.

Reichweiten-Verstärker*in
Je zielgruppengerechter, informativer und suchmaschinenoptimierter ein Text geschrieben ist, umso mehr Aufmerksamkeit und damit Reichweite generiert er – was ebenfalls eines der Hauptziele von Content-Manager*innen ist. Ob man nun als Freelancer*in für einen bestimmten Kunden arbeitet oder angestellt für ein Unternehmen: Content soll die Leserschaft und potenzielle Kundschaft zum Klicken und Lesen anregen und nicht zuletzt das Interesse wecken, ein Produkt zu kaufen oder eine bestimmte Dienstleistung in Anspruch zu nehmen. Je mehr Content Pieces – egal in welchem Format – eine hohe Reichweite generieren, umso besser für ein Unternehmen.

2.1 Was sind die Rollen von Content-Manager*innen?

Lead-Generator*in

Aufmerksamkeit wecken und Reichweite durch Content generieren ist der erste Schritt. Doch dass ein Leser bzw. eine Leserin einen Text liest, dabei soll es natürlich nicht bleiben. Ein*e Leser*in soll im Idealfall nicht nur ein*e Interessent*in bleiben, sondern zu einem Kunden bzw. einer Kundin werden – also eine Stufe weiter gehen. Um Interessent*innen zu Leads, also potenziellen Kund*innen zu machen, müssen diese kontaktierbar für ein Unternehmen sein. Hier gibt es die Möglichkeit, sogenannten Gated Content zu erstellen, für den Interessent*innen zum Beispiel Name und E-Mail-Adresse in ein Formular eingeben müssen, um diesen konsumieren zu dürfen. Unternehmen haben im Anschluss – also im Tausch gegen Content – die Möglichkeit, diese Leads zu kontaktieren. Vor allem Whitepaper oder E-Books bieten sich an dieser Stelle an – Hauptsache, der Content bietet einen Mehrwert für die Leser*innen.

Themen-Expert*in und Wissensvermittler*in

Content-Manager*innen stehen zwischen der Kundschaft und den Unternehmen, für die sie schreiben. Demnach müssen sie Expert*innen für beide Seiten sein: Sie müssen die Ziele, Botschaften, Visionen und die Kultur sowie Unternehmensphilosophie der verkaufenden Seite verstehen, um die richtigen Informationen zu vermitteln, und zeitgleich Empathie für die kaufende Seite mitbringen, um deren Nerv zu treffen. Im Grunde geht es für Content-Manager*innen darum, die Visionen eines Unternehmens so zu übersetzen, dass sie als idealer Lösungsansatz für potenzielle Kund*innen und deren Herausforderungen ankommt. Damit dies gelingt, muss man Expert*in für beide Seiten sein.

SEO-Expert*in

Aufmerksamkeit, Sichtbarkeit und Reichweite von Inhalten als oberste Ziele können Content-Manager*innen nur erreichen, wenn sie die entsprechenden Maßnahmen zur Suchmaschinenoptimierung auch umsetzen. SEO ist kein Randthema, sondern ein zentrales für professionelles Content-Management. Konkreter formuliert: Wenn Content erfolgreich sein und funktionieren soll, führt kein Weg an dem Thema Suchmaschinenoptimierung vorbei. Content-Manager*innen müssen hier also zum Profi werden oder zumindest ein fundiertes Wissen mitbringen – sowie den Willen, sich entsprechenden neuen technischen Anforderungen regelmäßig anzupassen.

Umsatz-Generator*in

Obwohl es nicht immer direkt ersichtlich ist: Content-Manager*innen tragen zum Umsatz bei. Der Prozess ist dabei der Folgende: Suchmaschinenoptimierte und zielgruppengerechte Inhalte erreichen die richtigen Personen, die sich daraufhin für ein Unternehmen interessieren und dessen Dienstleistung in Anspruch nehmen oder dessen Produkte kaufen – was im Endeffekt den Umsatz des Unternehmens erhöht.

Sprachrohr nach innen und außen
Content-Manager*innen sind zwar nicht mit Pressesprecher*innen zu vergleichen, fungieren aber trotzdem als Sprachrohr und Kommunikator*innen sowohl nach außen als auch nach innen auf verschiedenen Kanälen. Sie stehen zwar nicht vor einer Kamera, aber halten den Kontakt und die Kommunikation mit der Leserschaft in der schriftlichen Form aufrecht. Schließlich spiegelt Content die Ziele und die Vision eines Unternehmens wider und sendet daher bestimmte Botschaften nach außen. Häufig unterstützen Content-Manager*innen auch die interne Kommunikation eines Unternehmens, sodass sie auch innerhalb der Unternehmensstrukturen Botschaften und Neuigkeiten streuen.

Interne*r Netzwerker*in und Teamplayer*in
Sofern Content-Manager*innen in einem Unternehmen arbeiten, ist es wichtig, sich intern gut zu vernetzen – denn das Know-how, das man im Content nutzwertig und unterhaltsam verbauen muss, liegt oft in den Vertriebsabteilungen oder Fachbereichen wie IT oder Produktentwicklung. Natürlich eignen sich Content-Manager*innen auch selbst mit der Zeit das notwendige Wissen an, um informativen Content erstellen zu können. Jedoch sollte die Verbindung zu den oben genannten Kolleg*innen, die oft näher an der spezifischen Branche sitzen und mit dieser in Kontakt stehen, nicht abreißen. Dort ist der Ort, wo Kundenfragen auflaufen, sich neue Herausforderungen kristallisieren oder das Wissen über neue Produktentwicklungen sitzt.

Texter*in und Ghostwriter*in
Auch wenn es für manche Content-Manager*innen hart ist: Nicht immer steht der eigene Name unter dem erstellten Content. Tatsächlich ist es oft der Fall, dass ein*e Kolleg*in aus der Fachabteilung als Autor*in genannt wird – oder, falls man freiberuflich als Content-Manager*in arbeitet, ein Kunde bzw. eine Kundin. Dieses Ghostwriting liegt darin begründet, dass die Zielgruppe ein bestimmtes Produkt oder eine bestimmte Dienstleistung oft nicht mit Content-Manager*innen, sondern mit Expert*innen vom Fach oder mit dem jeweiligen Unternehmen in Verbindung bringen soll. So liegt ein*e Fachexpert*in als Autor*in oft näher als jemand aus der Marketing-Abteilung.

Kreativkopf und Designer*in
Ohne natürlich Designer*innen die Berechtigung zu nehmen: Content-Manager*innen müssen heutzutage auch ein Gespür für Design mitbringen. Das macht sie nicht automatisch vergleichbar mit den Profis, jedoch müssen E-Books, Whitepaper oder auch Infografiken anschaulich aufbereitet werden – und an einem weißen Word-Dokument erfreut man sich schließlich weniger als an einem hübsch designten E-Book. Auch für die Auswahl und Bearbeitung von Bildern müssen Content-Manager*innen eine gewisse Ästhetik mitbringen.

Projektmanager*in und Berater*in
Die Vertriebsabteilung wünscht sich ein Mailing für die nächste Messe, ein Kollege fragt nach der Aktualisierung einer Broschüre, die Marketing-Chefin bittet um ein Update der Homepage und mit der IT steht ein Meeting bezüglich 404-Redirects an – Content-Manager*innen müssen, je nachdem, wie fokussiert oder weit gefasst ihr Aufgabengebiet in einem Unternehmen ist, viele verschiedene Projekte planen, managen und umsetzen. Zudem sind sie oft Anlaufstelle für jegliche Fragen rund um Inhalte und Materialien, die geschriebenen Text erfordern oder beinhalten. Daher sind sie sowohl Berater*innen als auch Projektmanager*innen.

2.2 Welche Eigenschaften und Fähigkeiten brauchen Content-Manager*innen?

Schreiben können und kreativ sein: Auch dies sind wohl die ersten Antworten auf die Frage, welche Eigenschaften oder Fähigkeiten Content-Manager*innen eigentlich mitbringen müssen. Doch auch dies ist, wenn man sich die Rolle von Content-Manager*innen wie in den vorherigen Abschnitten beschrieben vor Augen führt, zu kurz gegriffen. Damit erfolgreiches Content-Management gelingt, sollte man die folgenden Voraussetzungen erfüllen:

Sprachgefühl und Sprachaffinität
Content-Manager*innen sollten schreiben können und ein Gefühl für die richtige Ausdrucksweise mitbringen, die je nach Zielgruppe variiert. Zudem geht es darum, Feinheiten in der Wortwahl zu erkennen – oft führt nur ein Begriff oder ein Satzzeichen dazu, dass ein Satz eine völlig andere Bedeutung bekommt. Da man je nach Position Texter*innen betreut, sollte man für einen Job im Content-Management durchaus auch Spaß am Lesen und Korrigieren haben.

Kreativität und Ideenreichtum
Um bestimmte Inhalte und Themen immer wieder in interessante Formen zu bringen, bedarf es einer gewissen Kreativität und ausreichend Ideenreichtum. Schließlich möchte man langfristig immer wieder neue Leser*innen ansprechen, ohne jahrelang die gleichen Texte oder Content-Formate dafür zu nutzen. Das würde auch dem Suchmaschinen-Algorithmus auffallen, der sich über regelmäßigen neuen Content freut und Konsistenz belohnt.

Empathie
Immer wieder zielgruppengerechten Content zu erstellen, erfordert, dass man sich immer wieder in unterschiedliche Kund*innen und Leser*innen hineinversetzen kann. Was sind ihre Interessen, Wünsche, Herausforderungen, Schmerzpunkte? Wofür suchen sie eine Lösung? Um dies in passende Inhalte verpacken zu können, bedarf es eines regelmäßigen Perspektivwechsels.

Struktur
Der Glaube, als Content-Manager*in müsse man einfach nur drauflosschreiben und Content erstellen, ist ein Trugschluss. Am Anfang stehen Konzept, Struktur und Strategie: zum Beispiel die Gliederung für ein E-Book, das sich nach den recherchierten Themenaspekten und Keywords orientiert, die Zielgruppenanalyse, die den Ton und die Botschaften eines Textes vorgibt, oder aber die komplette Content-Strategie, die man vor einem neuen Geschäftsjahr oder Quartal aufbaut.

Sorgfalt
Zum einen sollten Inhalte immer grammatikalisch korrekt formuliert sein – schließlich geht es nicht nur im Rahmen von SEO darum, Expertise, Seriosität und Autorität zu beweisen. Zum anderen geht es darum, SEO-Richtlinien einzuhalten, den Tone-of-Voice eines Unternehmens zu pflegen und die Content-Ziele immer im Hinterkopf zu behalten. Dies erfordert Sorgfalt während der Content-Erstellung.

Analysefähigkeit
Wie performt der Content? Wie sieht das Suchmaschinen-Ranking aktuell aus? Wie viele Besuche hat der Artikel auf der Website? Muss man den Content erneuern und zum Beispiel neue Keywords einbauen? Wie viele Leads hat der Content generiert? Tatsächlich geht es beim Content-Management viel um Analyse, Zahlen und Prozentsätze. Content soll Leser*innen gefallen, aber er soll diese auch zu einer Handlung motivieren. Ob das gelingt, muss man daher immer wieder überprüfen. Hierfür gibt es mittlerweile eine große Anzahl an sowohl kostenfreien als auch kostenpflichtigen Tools (eine kleine Auflistung finden Sie am Ende des Buchs).

Kommunikation

Wie bereits in Abschn. 2.1 erwähnt, sind Content-Manager*innen Kommunikationstalente – nur eben in schriftlicher Form. Über ein Content Piece findet immer indirekt eine Kommunikation vom Unternehmen an potenzielle Kund*innen statt. Dabei müssen der richtige Ton sowie der Nerv der Zielgruppe getroffen werden. Je nachdem, wo man arbeitet, gehören auch Kundentermine zum Arbeitsleben dazu, in denen man kommunikativ und eloquent sein sollte, um Content gut zu verkaufen. Dies ist vor allem in Agenturen oder auch als Freiberufler*in der Fall.

Technisches Verständnis

Das Thema SEO kündigt es bereits an: Als Content-Manager*in sollte man ein gewisses technisches Verständnis mitbringen, auch was den Umgang mit verschiedenen Tools, Content-Management-Systemen (CMS) und Künstlicher Intelligenz (KI) angeht. Zudem spielt technisches SEO eine große Rolle, bei dem es weniger um die Wahl der richtigen Keywords, sondern mehr um zum Beispiel korrekte HTML-Tags oder die Struktur einer Webseite geht.

Neugier und Lernbereitschaft

So wie sich das Internet und die Anforderungen durch Suchmaschinen oder neue Tools regelmäßig ändern, so sollten auch Content-Manager*innen immer wieder bereit sein, Neues zu lernen, und neugierig sein. Es gehört dazu, neue Trends zu beobachten und auszuprobieren – unabhängig davon, ob diese bleiben oder nicht. Man muss nicht jeden Trend zwangsläufig mitmachen, jedoch sollte man offene Augen und Ohren für die Entwicklungen der Branche haben – wie zum Beispiel für das Thema KI.

2.3 Was sind die Aufgaben von Content-Manager*innen?

Der Verantwortungsbereich von Content-Manager*innen besteht aus vielfältigen Aufgaben, die über das Textschreiben oder das Erstellen von Social-Media-Posts hinausgehen, wie bereits anhand der Aufzählungen in Abschn. 2.1 und 2.2 herauszulesen war. Die folgenden Abschnitte geben eine kurze Einführung in diese unterschiedlichen Aufgaben.

> **Hinweis** Während hier nur eine erste Übersicht gegeben wird, behandeln die anschließenden Kapitel des Buchs diese Aufgabenbereiche im Content-Management im Detail. Darüber hinaus kann es hilfreich sein, für das Verständnis dieses Kapitels das Glossar zu nutzen, vor allem in Bezug auf SEO-Begriffe.

Content-Strategie aufstellen
Welche Themen sollen im nächsten Jahr oder Quartal eine Rolle spielen? Welche Textformate? Welche Ziele stehen auf der Agenda bezüglich Neukund*innen, Suchmaschinen-Rankings, Klickzahlen etc.? In welchen Intervallen soll Content veröffentlicht werden? Diese und andere Fragen gilt es für Content-Manager*innen zu klären, bevor sie mit der eigentlichen Content-Erstellung beginnen. Damit der Content kanalübergreifend Hand in Hand geht und die gewünschten Effekte erzielt, bedarf es einer im Voraus erstellten Content-Strategie.

Content-Audits durchführen
Falls eine Website über zahlreichen Content verfügt – zum Beispiel in Form von Blogartikeln auf dem Unternehmensblog, müssen Content-Manager*innen diesen Content regelmäßig sichten, um zu prüfen, ob sie ihn überarbeiten und aktualisieren müssen. Ist das Thema noch aktuell und wichtig für die Zielgruppe? Ist die Seite noch auf die richtigen Keywords optimiert? Müssen Informationen hier und da ergänzt werden? Im Rahmen von Suchmaschinenoptimierung ist es essenziell, den Content regelmäßig auf seine Aktualität zu prüfen, damit er gute Ranking-Ergebnisse erzielen kann.

Content erstellen
Ob nun ein Beitrag für den Blog, ein Social-Media-Post, ein ganzes E-Book oder Teaser für den Newsletter – eine der Hauptaufgaben von Content-Manager*innen ist es, Inhalte zu erstellen, zu formatieren und zu bearbeiten. Hier wird die vorab erstellte Content-Strategie in die Realität umgesetzt. Zur Erstellung von Content sind unterschiedliche KI-Tools hilfreich, die die Arbeit von Content-Manager*innen unterstützen können (s. Kap. 8).

Content korrigieren
Als Content-Manager*in gehört es dazu, Content zu korrigieren – seien es die eigenen Texte oder aber die von anderen Copywritern, die für einen arbeiten. Dabei geht es nicht nur um Grammatik, Stil und Rechtschreibung, sondern auch um die Einhaltung von SEO-Richtlinien und weiteren stilistischen Guidelines, die vorab aufgestellt wurden und teilweise vorgegeben sind (s. Kap. 6).

Content veröffentlichen
Sobald Content erstellt ist, soll ihn die Welt auch sehen: Über CMS lassen sich Blogartikel veröffentlichen inklusiver aller notwendigen Meta-Daten wie Title Tag und Meta Description. Über spezielle Tools lassen sich Social-Media-Beiträge kanalübergreifend ausspielen. Die Veröffentlichung von Content muss dabei nicht

2.3 Was sind die Aufgaben von Content-Manager*innen?

manuell erfolgen, sondern kann Wochen im Voraus mithilfe entsprechender Tools geplant und zum Ausspielen eingestellt werden.

Content tracken

Wie viele Artikel wurden in diesem Quartal veröffentlicht? Wann wurde Artikel X online gestellt? Welche Keywords wurden bereits pro Seite genutzt und sollten nicht nochmal vorkommen, um Duplicate Content zu vermeiden? Welche Content Pieces sind in den kommenden Wochen geplant? Content-Management dreht sich nicht nur um das Planen und Erstellen von Content, sondern auch um das Content-Tracking – vor allem, wenn es um schriftlichen Content geht. Auch hierfür gibt es zahlreiche Tools, aus denen man mittlerweile wählen kann. Für die erste Übersicht genügt jedoch die Nutzung einer Excel-Tabelle, in der man Titel, Veröffentlichungsdatum, Autor*in, Editor*in und Keywords festhalten sollte. Vor allem, wenn man ein Team aus Texter*innen und Freelancer*innen leitet, ist Content-Tracking notwendig – nicht nur für Auswertungen und Korrekturen der gelieferten Arbeit, sondern auch für die Buchhaltung am Ende eines Monats.

Content analysieren

Ist der Content eine Weile online, sollten Content-Manager*innen definitiv einen analytischen Blick darauf werfen: Wie viele Nutzer*innen haben ihn angeklickt? Wie lange verweilten sie auf dieser Seite? Worauf haben sie anschließend geklickt? Haben sie ihre Daten hinterlassen? Und wie sieht das Suchmaschinen-Ranking aktuell aus? Content-Management und die Erstellung von SEO-Content sind langfristige Aufgaben, die einen langen Atem erfordern – und damit einhergehend auch die Fähigkeit, die richtigen Werte aus der Content-Analyse abzulesen.

Bilder bearbeiten

Das Wort „Content" bezieht sich nicht nur auf den klassischen Text, der geschrieben wird. Auch Bilder, Infografiken, Videos und Podcasts zählen unter anderem zu dem, was man unter Content versteht. Content-Manager*innen müssen nicht zwangsläufig Profi in allen Content-Formaten sein, werden in ihrem Arbeitsalltag aber den meisten in irgendeiner Form begegnen und sollten daher zumindest Basiswissen über vorhandene Tools haben und sich nicht scheuen, neue Formate auszuprobieren. Vor allem für Content-Manager*innen, die Texte für eine Website erstellen und redaktionell arbeiten, wird das Thema Bildbearbeitung eine Rolle spielen. Deshalb sind Know-how und Erfahrungen mit unterschiedlichen Bildbearbeitungsprogrammen immer hilfreich und manchmal sogar erwünscht von Arbeitgebenden. Hinzu kommt, dass auch Bilder SEO-optimiert sein sollten, da sie einen Einfluss auf das Suchmaschinen-Ranking einer Website haben können (s. Abschn. 4.1).

Technisches SEO
Wie lang darf eine URL sein? Dürfen URLs Umlaute enthalten (Antwort: Nein)? Ist der HTML-Code für einen Artikel frei von sogenanntem Junk-Code? Suchmaschinenoptimierung ist ein technisches Thema. Man erstellt Content immer vor dem Hintergrund, dass er einer Suchmaschine gefallen muss, die aber wiederum bewertet, ob er den „echten" Leser*innen gefällt. Hinzu kommt, dass das Suchmaschinen-Ranking eines Artikels nicht nur davon abhängt, wie gut er geschrieben ist, sondern auch unter anderem von den Antworten auf diese Fragen:

- Wie schnell lädt die Seite? Wenn zu langsam, woran liegt es? Sind die Bilder auf dieser Seite vielleicht zu groß?
- Ist der Code „sauber"? Hier lohnt sich ein Blick in den Seitenquelltext.
- Sind Title Tag und Meta Description vorhanden und nicht zu lang/kurz?
- Ist die Navigationsstruktur einer Website auch nicht zu komplex? Sind die wirklich wichtigen Informationen auch nicht zu „tief" vergraben, also brauchen Nutzer*innen nicht zu viele Klicks, um an eine relevante Information zu kommen?
- Sind Anker-Links technisch möglich, um Nutzer*innen noch gezielter zur gewünschten Information zu leiten, die sich hinter einem Link verbirgt?

Da Content-SEO und technisches SEO Hand in Hand gehen (sollten), ist ein gewisses Know-how zur technischen Suchmaschinenoptimierung empfehlenswert.

HTML-Basics kennen
Je nach CMS kopiert man einen erstellten Text nicht einfach in das entsprechende Textfeld, sondern muss vorab einen entsprechenden HTML-Code dafür erstellen. Doch man muss kein Programmierer sein, um diese Aufgabe erledigen zu können. Es gibt kostenlose Tools, wie zum Beispiel Wordtohtml, in die man einen Text einfach kopieren und in HTML transformieren lassen kann. Im letzten Schritt sollte man jedoch die wichtigsten Formatierungen prüfen (wie die Überschriften H1, H2, H3 etc.) und Junk-Code-Elemente entfernen, damit die Suchmaschine auch hier keinerlei Grund findet, einen Artikel schlechter zu bewerten.

Content-Management-Systeme betreuen und aufbauen
Um Content zu veröffentlichen, bedarf es eines CMS, in dem die ganze Website eines Unternehmens hinterlegt ist und von dort ausgespielt wird. Als Content-Manager*in ist es das wohl wichtigste System, mit dem man arbeitet, denn hier wird Content eingepflegt, bearbeitet und veröffentlicht. Doch zum Job gehört es nicht nur, das System bedienen zu können, sondern – je nach Jobsituation – auch der Aufbau des Systems selbst. Das kann zum Beispiel der Fall sein, wenn ein Unternehmen seine Website auf ein anderes, besseres CMS umziehen möchte und

2.3 Was sind die Aufgaben von Content-Manager*innen?

dementsprechend eine Migration durchführt. Content-Manager*innen, die sich mit dem vorhandenen CMS oft am besten auskennen, werden hier zu wichtigen Projektmanager*innen. Sie müssen die Anforderungen und Funktionsweise eines neuen Systems kennenlernen und verstehen und die Datenmigration vom alten ins neue System entsprechend planen. Je nach Größe einer Website kann ein solches Projekt mehrere Wochen bis Monate dauern. Jedoch findet eine solche Migration im Normalfall nicht zu oft statt und ist daher eine Spezialaufgabe im Alltag von Content-Manager*innen.

Sich mit Excel anfreunden und neue Tools bedienen
Content-Manager*innen können je nach angewandten Praktiken, genutzten Tools sowie je nach Position viel Zeit mit Excel-Tabellen verbringen. Und bevor dieser Satz als altmodisch abgestempelt wird: Natürlich gibt es zahlreiche neue und intuitive Tools, die man für die Content-Planung nutzen kann. Excel ist jedoch das einfachste Programm der Wahl, wenn es darum geht, ohne große Einarbeitung Content-Ideen zu sammeln, veröffentlichten Content zu tracken, Analysen aus SEO-Tools zu exportieren und generell lange Auflistungen zu erstellen. Am Ende ist es Geschmackssache, eine Frage der persönlichen Arbeitsweise und fast schon Glaubensfrage, ob man für diese Aufgaben jeweils ein eigenständiges Tool nutzen möchte. Jedoch ist die Excel-Tabelle oft die schnellste Variante, ohne sich in ein weiteres Tool einloggen zu müssen.

Social-Media-Kanäle betreuen
Nicht jedes Unternehmen stellt spezielle Social-Media-Manager*innen ein – obwohl dies durchaus eine Vollzeit-Aufgabe für sich ist. Bis zu einem gewissen Grad liegt das Social-Media-Management daher oft in der Hand von Content-Manager*innen – hier unterscheiden sich aber die Verantwortungsbereiche von Unternehmen zu Unternehmen. Beiträge entsprechend für einen Kanal und dessen Zielgruppe formulieren, veröffentlichen und Social Media im Redaktionskalender integrieren, gehören hierbei zu den Hauptaufgaben.

Rechtliche Aspekte berücksichtigen
Während des Content-Managements, vor allem während der Content-Erstellung, haben Content-Manager*innen je nachdem auch rechtliche Aspekte zu berücksichtigen. Manche Themen oder Informationen können zum Beispiel einen Disclaimer benötigen, so etwa rechtliche Fakten, die aber nicht als Rechtsberatung ausgelegt werden sollen. Grundsätzlich sollten Content-Manager*innen ein grobes Wissen darüber haben, inwiefern Inhalte oder Strukturen abgemahnt werden könnten. Darunter fällt beispielsweise die Regel, dass ein Impressum innerhalb von drei Klicks erreichbar sein muss, oder auch, dass Verweise auf Erwähnungen in den Medien

entsprechend verlinkt sein müssen, um nicht als Täuschungsversuch zu gelten. Content-Manager*innen müssen natürlich keine Expert*innen in Rechtsthemen werden, diese jedoch je nach Thema und Projekt im Hinterkopf behalten.

2.4 Welche Fehler sollten Content-Manager-*innen vermeiden?

Oft werden Dinge ersichtlich, wenn man sie aus einer anderen Perspektive betrachtet. Daher soll es in den folgenden Abschnitten „rückwärts" darum gehen, was Content-Manager*innen während ihres Arbeitsalltags vermeiden sollten, um erfolgreiches und hochwertiges Content-Management sicherstellen zu können.

Zu wenig Aufwand in die Content-Basis stecken
Qualität braucht bekanntlich Zeit. Das gilt auch für die Erstellung von Content. Einfach mal loslegen und drauf losschreiben mag vielleicht dem Kreativitätsschub gerecht werden, nicht aber einer durchdachten Unternehmenskommunikation. Wie bereits in den vorherigen Abschnitten erwähnt, bedarf Content-Erstellung einer gewissen Vorarbeit. Welche Zielgruppe möchte man ansprechen? Was sind die Bedürfnisse dieser Zielgruppe? Mit welcher Tonalität möchten man diese Personen ansprechen? Welche Themen sind am wichtigsten? Und welche Keywords? Wenn eine Content-Strategie aufgehen sollen, man also alle Content-Ziele (wie zum Beispiel die Generierung neuer Kund*innen oder höhere Klickzahlen) erreichen möchte, sollte man ausreichend Aufwand in die Content-Basis in Form von Styleguides und SEO-Richtlinien stecken, bevor man beginnt, Content zu erstellen.

Themen und Keywords mehrfach verwenden
Wenn Content-Manager*innen drei unterschiedliche Artikel zum selben Thema schreiben und dabei auch die selben Keywords verwenden, sodass es sich um sehr ähnlichen Content handelt, wird dies dem Suchmaschinen-Ranking der Artikel eher abträglich sein – denn die Suchmaschine stuft den Content potenziell als Duplicate Content ein. Wer sich einen Vorteil verschaffen möchte, indem er ein Keyword mit hohem Suchvolumen auf mehreren Unterseiten oder in mehreren Artikeln verwendet, wird potenziell „abgestraft" und mit schlechteren Rankings bestraft. Die Artikel „kannibalisieren" sich dann also gegenseitig. Sollte auf einer Website bereits eine solche Dopplung vorliegen, ist zu empfehlen, die vorhandenen Artikel zu einem zusammenzufassen. Wichtig ist hierbei, die URL des bis dato erfolgreicheren Artikels zu nehmen, den Text dort zu aktualisieren und den „schlechteren" Artikel dorthin umzuleiten – im SEO-Sprech zu „redirecten".

2.4 Welche Fehler sollten Content-Manager*innen vermeiden?

Um die Kannibalisierung von Keywords zu vermeiden, gibt es den folgenden Site-Search-Tipp: Wenn man herausfinden möchte, ob sich unterschiedliche Webseiten potenziell gegenseitig innerhalb einer Website kannibalisieren könnten, gibt es eine sogenannte Site Search. Dafür gibt man in das Suchfeld der Suchmaschine ein:

site:*Domainname Keyword*

Möchte also zum Beispiel Milchbauer Gerhard mit der Domain milchbauer.gerhard.de wissen, welche seiner Webseiten das Keyword „Nachhaltige Landwirtschaft" enthält, muss er eingeben:

site:milchbauer.gerhard.de Nachhaltige Landwirtschaft

Die Suchmaschine zeigt daraufhin alle Seiten einer Domain an, die das angegebene Keyword enthalten.

Texte kopieren

Texte einfach zu kopieren, auch die eigenen, führt ebenfalls zu Duplicate Content und zu einer potenziellen Herabstufung des Contents in der Suchmaschine. Nun stellt sich die Frage, ab wann ein Text als „kopiert" gilt. Natürlich ist es möglich, zwei oder drei Artikel zu einem Oberthema wie „Bewerbungstipps" oder „Urlaubstipps" zu verfassen. Wichtig ist, dass die Artikel im Detail unterschiedliche Informationen liefern und auch mit unterschiedlichen Keywords besetzt sind. So ist es durchaus möglich, einen Artikel zum Thema „Urlaubstipps für die Reise mit Kindern" und einen zum Thema „Tipps für den Urlaub zu Hause" zu verfassen, ohne dass es als Duplicate Content eingestuft wird. Der Content darf nicht identisch sein und sollte auch nicht von anderen Websites kopiert werden. Um dies zu überprüfen, bietet sich die Nutzung eines Plagiatstools an.

Glauben, dass SEO-Maßnahmen sofort wirken

Es wäre ein Fehler, zu glauben, dass sich das Suchmaschinen-Ranking eines Artikels sofort verbessert, sobald man diesen SEO-optimiert hat. Es kann mehrere Wochen dauern, bis eine Suchmaschine einen neuen oder überarbeiteten Artikel gecrawlt und indexiert hat. Wer dabei ist, eine Website oder einen Blog komplett neu aufzubauen oder zu überarbeiten, braucht daher Geduld und Durchhaltevermögen. Zudem sollte man wie bereits erwähnt im Hinterkopf behalten, dass SEO grundsätzlich eine langfristige Aufgabe ist. Leider ist es nicht so, dass man einmal einen SEO-optimierten Artikel erstellt und dieser rankt dann für immer weit oben. Der Suchmaschinen-Algorithmus, also die wichtigen Faktoren für gute Suchmaschinen-Rankings, ändert sich zum Beispiel regelmäßig und so auch das Suchmaschinen-Ranking. Es gilt, regelmäßige Content-Audits durchzuführen, um langfristige SEO-Erfolge verzeichnen zu können.

Zu viel Point-in-time-Content erstellen
Es ist wichtig, am Puls der Zeit zu bleiben, wenn man professionelles Content-Management betreiben möchte. Jedoch wäre es riskant, zum Beispiel einen Blog aufzubauen, bei dem es überwiegend um Point-in-time-Content geht – also um Content, der aktuell zwar gültig ist, in zwei bis drei Monaten aber vielleicht nicht mehr. Beispiele sind die zahlreichen Artikel zum Thema Corona, die 2020 natürlich eine enorme Relevanz hatten, heute aber weniger Interesse genießen. Ein Artikel zum Beispiel zum Thema „So gelingt das Homeoffice mit Kindern während Corona" wird mittlerweile weniger benötigt als im Jahr 2020 und daher weniger angeklickt. Da Klickzahlen zum Suchmaschinen-Ranking beitragen, hat ein Artikel mit sinkender Relevanz und wenigen Klicks demnach einen negativen Effekt auf das Ranking. Je mehr solcher „unwichtigen" Seiten auf einer Website sind, umso schlechter kann das Ranking einer ganzen Website ausfallen. Natürlich ist es wichtig, aktuelle Themen nicht zu ignorieren, aber Content-Manager*innen sollten ihren Fokus auf sogenannten „Evergreen Content" legen, also Content, der „immer aktuell" ist. Aus dem obigen Beispiel könnte man dann „So gelingt das Homeoffice mit Kindern" machen und schon ist der Artikel nicht auf eine bestimmte Zeitspanne reduziert und langfristig „gültig" – das merkt auch die Suchmaschine und belohnt mit besseren Rankings.

Content-Tracking vergessen oder vernachlässigen
Welche Keywords wurden nochmal bei diesem Artikel genutzt? Wer hat diesen Artikel Korrektur gelesen? Wann war die Überarbeitung im CMS? Wohin wurde Artikel X redirected? Geübte Content-Manager*innen können sich diese Fragen teilweise schnell aus dem Gedächtnis beantworten, doch bei steigender Content-Masse wird eine Nachvollziehbarkeit der Content-Erstellung zunehmend schwieriger. Von Anfang an einen Content-Tracker aufzubauen, sorgt für Struktur, Übersicht und Nachvollziehbarkeit.

Das Know-how von anderen Teams nicht nutzen
Content-Manager*innen sind gut und geübt im Recherchieren. Die notwendigen Informationen zu finden, ist ein Großteil ihrer Aufgabe. Nicht dort zu suchen, wo die Informationen am nächsten sind, wäre daher ein großer Fehler. Deshalb ist es wichtig, sich in einem Unternehmen intern gut zu vernetzen, um abteilungsübergreifend zu arbeiten. Welche Wünsche haben die Kund*innen? Welche Informationen suchen sie? Hier kennt der Vertrieb sich bestens aus. Wie funktioniert eine Maschine? Wie gelingt die Montage? Hier gilt es, die entsprechenden Techniker*innen nach ihrer Expertise zu fragen.

Content weder überprüfen noch überarbeiten
Ein neuer Blogartikel befindet sich im Suchmaschinen-Ranking um ein begehrtes Keyword mit hohem Suchvolumen auf dem ersten Platz in den Suchergebnissen. Prima! Wird er dies in sechs Monaten auch noch sein? Das ist leider nicht sicher, denn die Konkurrenz schläft schließlich nicht. Wer verpasst, seinen Content regelmäßig zu analysieren und zu aktualisieren, riskiert auf lange Sicht den Verlust von Sichtbarkeit und Reichweite.

2.5 Wie wird man Content-Manager*in?

Für die Studierenden unter den Leser*innen bzw. die, die sich gerade in ihrer Ausbildung befinden, soll es hier um die Frage gehen, wie man eigentlich Content-Manager*in wird. Ob nun über ein Studium, die redaktionelle Arbeit oder als Quereinsteiger*in durch viel Praxiserfahrung: Viele Wege führen in den Job des Content-Managers bzw. der Content-Managerin.

Studium
Ein Studium im Bereich Marketing oder auch Kommunikationswissenschaften bietet sich zum Beispiel an, um Content-Manager*in zu werden. Die Fachrichtung ist jedoch nicht das Wichtigste für den Beruf. Wer zum Beispiel Medizin studiert hat und ein Talent fürs Schreiben sowie Sprachgefühl mitbringt, kann für ein Medizin-Magazin ebenso gut tätig sein.

Praktika und freie Mitarbeit
Schreiben ist ein Handwerk. Und auch, wenn zahlreiche KI-Tools heutzutage Content aller Art liefern, so ist doch ein Gefühl für Sprache und Übung in der Erstellung von Content vonnöten, um als Content-Manager*in einen guten Job zu machen. Daher sind im frühen Stadium (also zum Beispiel während des Studiums) entsprechende Praktika in Redaktionen, Agenturen oder Marketing-Abteilungen zu empfehlen, um zu lernen, welche Anforderungen der Job mit sich bringt und dass lebenslanges Lernen und Weiterentwickeln wichtige Fähigkeiten sind.

Volontariat
Ein Redaktionsvolontariat ist eine Art „Ausbildung" zum Redakteur, jedoch ist der Begriff nicht geschützt und diese Form der Ausbildung nicht gesetzlich geregelt – daher kann ein Volontariat je nach Unternehmen unterschiedlich gestaltet sein. Meist beginnen Berufseinsteiger*innen der Branche ihren Werdegang mit einem

Volontariat, das ein bis zwei Jahre dauert. Ein solches findet man sowohl bei Print- und Online-Redaktionen als auch in Agenturen und Unternehmen. In einem Redaktionsvolontariat erlernt und trainiert man in dieser Phase unter anderem das Handwerk des Schreibens für unterschiedliche Zielgruppen und Textformate und erhält weiteres Wissen rund um den Job.

Quereinstieg
Das abgeschlossene Jurastudium ist vorhanden und das Talent zum Recherchieren und Schreiben ebenso? Dann sind dies ideale Voraussetzungen, um die Website einer großen Kanzlei zu betreuen oder auch über rechtliche Themen für Online-Formate zu berichten. Quereinsteiger*innen sind in der Branche nicht selten – kommt es doch in erster Linie auf das Interesse am Job und die entsprechenden Fähigkeiten an.

Von Agenturen bis Unternehmen
Als Content-Manager*in stehen einem viele verschiedene Einsatzgebiete zur Auswahl. Ob nun in Agenturen, im Bereich PR und Kommunikation, in Marketing-Abteilungen von Unternehmen, im Journalismus oder als Freiberufler*in – Content-Manager*innen sind überall gefragt, wo nutzwertiger und suchmaschinenoptimierter Content gewünscht und gebraucht ist.

Transfer in die Praxis
- Für Führungskräfte von Marketing-Teams: Sofern Sie bereits Content-Manager*innen im Team haben, stellen Sie sich die Frage: Welche Rollen erfüllen diese bereits? Was können andere Teammitglieder vielleicht von diesen lernen und umgekehrt? Welche Fortbildungen eignen sich, um die Rolle Ihrer Content-Manager*innen auszubauen?
- Für Content-Manager*innen: Stellen Sie sich die Frage: Welche Fähigkeiten möchte ich weiterhin ausbauen, um meinen Job noch besser machen zu können? Kenntnisse in HTML oder anderen Programmiersprachen? Bildbearbeitung? Social Media? Überlegen Sie sich, ob Sie sich in einem dieser Bereiche tieferes Wissen aneignen möchten, um Ihren Beruf noch zielführender ausüben zu können.
- Für Content-Manager*innen: Nehmen Sie sich die Liste der Fehler im Content-Management vor und fragen Sie sich: Welche davon sind Ihnen im Alltag schon passiert oder passieren Ihnen vielleicht regelmäßig? Was müssen Sie tun, um diese Fehler in Zukunft zu vermeiden? Gibt es dafür hilfreiche Tools?

Content-Strategie 3

Zusammenfassung

Dieses Kapitel beschreibt, wie man eine Content-Strategie aufbaut und welche Komponenten dazugehören – von der Zielgruppenanalyse über SEO-Richtlinien bis zum sogenannten Content-Audit. Dabei wird jede Komponente kurz beleuchtet und mit Beispielen veranschaulicht.

Was Sie aus diesem Kapitel mitnehmen
- Eine Auflistung aller notwendigen Komponenten einer Content-Strategie
- Erste Informationen zu den Themen Zielgruppenanalyse, Customer Journey und Suchmaschinenoptimierung
- Einen Einstieg in die Themen Content-Analyse, Content-Mapping und Content-Audit
- Tipps für das Content-Tracking

Hinter professionellem Content-Management sollte eine durchdachte Strategie stecken – von der Themenplanung über die Keyword-Strategie und Umsetzung von SEO-Richtlinien bis hin zur regelmäßigen Performance-Analyse. Nur so kann Content „funktionieren". Was genau eine Content-Strategie beinhalten sollte, fassen die folgenden Abschnitte zusammen.

3.1 Wie setzt sich eine Content-Strategie zusammen?

Welche Überlegungen gehen der Content-Erstellung voraus? Welche Basisinformationen sind dafür notwendig? Es gibt im Bereich Content natürlich immer die Möglichkeit, „erst einmal anzufangen". Fundierter wird Content-Management jedoch, wenn man die folgenden Aspekte vorab durchdenkt:

Zielgruppenanalyse
Zur Basis einer durchdachten und erfolgreichen Content-Strategie gehört eine detaillierte Zielgruppenanalyse. Ob man als Content-Manager*in nun im Marketing-Team für ein Unternehmen arbeitet oder freiberuflich einzelne Projekte von unterschiedlichen Kund*innen übernimmt: Um zielgruppengerechten Content erstellen zu können, muss man sich im ersten Schritt mit den Zielpersonen beschäftigen, die diesen konsumieren sollen. Fragen, die sich Content-Manager*innen deshalb vor jedem größeren oder auch kleineren Content-Projekt stellen sollten, sind unter anderem:

- Wer genau ist die Zielgruppe? Wer ist die „Buyer Persona"? Welches Geschlecht und Alter zeichnet die Buyer Persona aus? Welchen Beruf und welche Position übt die Buyer Persona aus? Letztere Frage ist vor allem im B2B-Kontext wichtig.
- Welche Fragen, Ziele, Herausforderungen und Schmerzpunkte hat diese Zielgruppe? Wofür sucht sie eine Lösung? Wo sucht sie diese Lösung? Und was fühlt sie dabei?
- Wie spreche ich meine Zielgruppe an? In welcher Tonalität? Auf welchen Kanälen? Mit welchen Textformaten?

> **Tipp** Nützliche Quellen für die Analyse sind unter anderem Social Media, Studien und Umfragen sowie die Erfahrungswerte der Vertriebsabteilung – denn diese sitzt täglich nah am Kunden bzw. an der Kundin.

Customer Journey
Bei der Customer Journey analysieren Marketing-Manager*innen, in welchen Phasen des Kaufprozesses sich ein*e potenzielle*r Kund*in befinden kann – vom ersten Interesse an einem Produkt oder an einer Dienstleistung bis zur Kaufentscheidung. Ziel ist dabei, die möglichen Touchpoints zu erkennen, an denen man durch Marketing-Maßnahmen den oder die potenzielle*n Kund*in erreichen kann. Auch für Content-Manager*innen ist dieser Schritt wichtig, geht es hier zeitgleich darum, den passenden Content für jede Phase einer Customer Journey bereitzu-

stellen. Dabei sollten sich Content-Manager*innen unter anderem die folgenden Fragen stellen:

- In welche Phasen teilt sich die Customer Journey potenziell auf? (Basisrecherche zum Produkt ohne Vorwissen, kurz vor Vertragsabschluss etc.)
- Welche Gefühle oder Wünsche hat der oder die potenzielle Kund*in in dieser Phase? (Gefühle: Ratlosigkeit, Sorge, Druck, Sehnsucht etc.; Wünsche: Effektivere Arbeitsprozesse, Umweltfreundlichkeit, Kosteneinsparung, Urlaub etc.)
- Welche Probleme oder Herausforderungen hat er oder sie in dieser Phase? Welche Lösung sucht er/sie? Und wo? (Herausforderungen: Suche nach dem passenden Produkt, kostengünstige Reise finden, vertrauenswürdige Informationen finden etc.)
- Auf welchem Wissensstand zum Produkt/zur Dienstleistung ist er/sie in dieser Phase? (Keinerlei Vorwissen vs. Expertenwissen und kurz vor der Kaufentscheidung)
- Welche Art von Content bietet sich in dieser Phase an? Welcher Content bringt die passende Lösung? Zu welchem Thema? (Checklisten, Fachartikel, E-Book etc.)

Ob man diese Analyse ganz einfach in einer Excel-Tabelle, auf einem Whiteboard oder über ein spezielles Tool durchführt, ist völlig frei und abhängig von den eigenen Präferenzen und Arbeitsweisen. Praktisch ist jedoch ein Format, das sich flexibel erweitern lässt, da sich eine Customer Journey – je nachdem, wie kleinteilig man sie gestaltet – ausweiten kann.

Content-Ziele & Botschaften
Content-Manager*innen sollten sich beim Aufbau einer Content-Strategie auch immer fragen, welche Ziele sie bzw. das Unternehmen, für das sie arbeiten, verfolgen. Mögliche Ziele könnten sein:

- Mehr Sichtbarkeit, Reichweite und somit mehr Klicks auf der Website
- Bessere oder umfangreichere Lead-Generierung
- Mehr Verkäufe eines Produkts oder einer Dienstleistung
- Kundenstamm vergrößern

In den meisten Fällen handelt es sich um eine Kombination aus all diesen Beispielen bzw. hängen diese Beispiele zusammen. Mehr Sichtbarkeit und Reichweite führen zu mehr Interessenten und Leads, was wiederum zu mehr Verkäufen führen und den Kundenstamm vergrößern kann. Als Content-Manager*in sollte man nun im nächsten Schritt die Ergebnisse der Zielgruppenanalyse mit den aufgestellten

Content-Zielen kombinieren und sich anschließend fragen: Welche Botschaften sende ich über meinen Content nun nach außen, um diese Ziele mit der Zielgruppe zu erreichen? Ganz grundsätzlich geht es immer darum, die Lösung für ein Problem anzubieten, das die Zielgruppe hat. Zum Beispiel: Der Prozess der Rechnungsstellung ist noch zu sperrig und ineffizient in einem Unternehmen und es sucht daher nach einer passenden Software-Lösung. Als Content-Manager*in des geeigneten Software-Unternehmens sollte man nun also Wege finden, der Zielgruppe die Vorteile der eigenen Software zu präsentieren und diesen so zeigen, dass sie die Lösung für Effizienzprobleme genau mit diesem Produkt finden, zum Beispiel über eine Checkliste mit dem Titel „X Gründe, warum Software Y die Effizienz in Ihrer Buchhaltung erhöht".

Content-Brainstorming und Content-Plan
Sobald die Basis aus Zielgruppenanalyse und Customer Journey angelegt ist, können Content-Manager*innen mit dem konkreten Content-Plan beginnen – vermutlich wird aber bereits während der Basisarbeit die eine oder andere Idee zum Vorschein gekommen sein. Nun geht es darum, diese Ideen in einen kanalübergreifenden Redaktions- oder auch Content-Plan zu integrieren. Ob man diesen bereits für das ganze Jahr oder im ersten Schritt für das kommende Quartal erstellt, ist von Unternehmen zu Unternehmen und von Team zu Team unterschiedlich. Für einen Redaktionsplan sollten Content-Manager*innen die folgenden Fragen beantworten:

- Welche Themen im Zeitraum X haben Priorität? Welches Thema ist wann relevant?
- Welche Themen spielen wir auf welchen Kanälen? Gibt es Unterschiede, welcher Kanal sich für welches Thema eignet?
- Welche Content-Formate haben Priorität? Und wie oft veröffentlichen wir diese? Zum Beispiel: Wie viele Blogartikel möchten wir veröffentlichen?
- Welche Evergreen-Themen sind wichtig? Welche Trendthemen?
- Welche wichtigen Events finden statt, die zu berücksichtigen sind?
- Lässt sich aus altem Content auch neuer machen (s. auch Content-Recycling im nächsten Absatz)?

Auch ein Redaktions- bzw. Content-Plan dieser Art ist ein wachsendes Konstrukt, das sich mit der Zeit ändert oder erweitert. Oft muss man auch auf kurzfristige Ereignisse reagieren und den eigentlichen Plan (zumindest in Teilen) über Bord werfen. Grundsätzlich sollte man immer wieder den Blick nach außen (aus dem Unternehmen raus und vom Plan weg) schweifen lassen, um neue Content-Ideen zu generieren und auch auf dem neusten Stand der Branche zu bleiben. Ein

3.1 Wie setzt sich eine Content-Strategie zusammen?

Content-Plan als Basis ist aber in jedem Fall sinnvoll, um die Kommunikation nach außen zur Zielgruppe nicht abbrechen zu lassen und die interne Effizienz zu steigern.

Content-Recycling
Man muss bekanntlich das Rad nicht immer neu erfinden. Das Gleiche gilt für Content-Manager*innen. Content-Recycling bedeutet jedoch nicht, dass man sich an fremdem Content bedient, sondern dass man sich den eigenen bereits vorhandenen Content vornimmt und erneut verwertet – wortwörtlich eben „recycelt". Das kann ein älterer Artikel sein, der die Basis für ein Video darstellt, oder eine Checkliste, aus der man eine Infografik macht. Oder aber man generiert aus vorhandenen Blogbeiträgen einige neue Social-Media-Posts, um die Content-Pipeline weiter zu füllen.

Konkurrenzanalyse
Wie ist die Website eines Konkurrenzunternehmens aufgebaut? Wie rankt die Konkurrenz zu welchen Themen? Und welche SEO-Strategie verfolgt sie bezüglich Keywords? Bei der Konkurrenzanalyse geht es keineswegs darum, Ideen oder Inhalte von Wettbewerbern zu stehlen. Abgesehen davon, dass dies zu Duplicate Content und schlechteren Suchmaschinen-Rankings der eigenen Seite führen könnte, sollte jedes Unternehmen seine eigene Vision, Philosophie und Tonalität behalten, um authentisch zu sein. Bei der Konkurrenzanalyse geht es vielmehr um Inspiration aus der Branche und um eine neue Perspektive.

SEO-Strategie & SEO-Styleguide
Die Aufstellung von SEO-Richtlinien in einem Styleguide ist eine wichtige Basis für die Content-Erstellung – sowohl aus strategischen Gründen als auch aus Gründen der Einheitlichkeit und Konsistenz. Wenn mehrere Content-Manager*innen zusammenarbeiten, sollten sie für die besten Ergebnisse auch die gleiche SEO-Strategie verfolgen, sowohl bei der Content-Erstellung als auch bei technischen Entscheidungen wie URL-Struktur und Textaufbau. Daher sollte man, ob nun im Team oder als einzelne*r Content-Manager*in, sich Zeit nehmen, um das gesamte SEO-Know-how zu sammeln und in einem Styleguide zusammenzutragen, an dem sich das Marketing-Team bzw. das gesamte Unternehmen orientieren kann. In diesem Styleguide sollte man zum Beispiel die folgenden Fragen beantworten:

- **Keywords**: Wie viele Keywords pro Text nutzen? Welche Art von Keywords, zum Beispiel Long-Tail-Keywords? Welches ist das Primary Keyword? Welches sind die Secondary Keywords? Wo platzieren wir die Keywords? Wie oft? Wie hoch sollte die Keyword-Dichte (Keyword Density) sein?

- **Struktur:** Wie soll ein Blogartikel aufgebaut sein? Wie lang darf er sein? Wie sollen die Formatierung und die Satzstruktur aussehen? Dabei sind auch unterschiedliche Endgerät-Formate auf Tablets und Mobiltelefonen zu berücksichtigen.
- **Verlinkungen:** Wie geht man mit Verlinkungen um? Wie viele setzt man ein pro Seite? Antwort: Im Idealfall nicht mehr als drei pro Absatz. Ist es möglich, dass sich ein Link in einem neuen Tab öffnet, um die Bounce Rate nicht zu erhöhen? Auf welche Quellen verlinken? Dabei ist zu beachten, dass man nicht zur Konkurrenz verlinken sollte. Tipp: Zur Sicherheit lieber noch einmal das Impressum einer Quellen-Seite prüfen. Manchmal kann sich auch eine Tochterfirma der Konkurrenz dort verstecken.
- **Code:** Gibt es beim Code etwas zu beachten? Wird der Content als HTML-Code für das Content-Management-System benötigt? Welche Art von Junk-Code gehört gelöscht? Wie sollen die Headlines eines Textes formatiert sein (H1, H2, H3)?
- **CTA:** Wie soll ein Call-to-Action aussehen? Gibt es hier eine Zeichenbegrenzung? Soll ein Bild eingefügt werden? Zu welchem Produkt oder zu welcher Dienstleistung soll dieser verlinken?

Styleguide für Begriffe, Sprache und Tonalität

Aus Gründen der Einheitlichkeit und Konsistenz ist es empfehlenswert, als Content-Manager*in auch einen sprachlichen Styleguide anzulegen. In diesem sollten unter anderem die folgenden Aspekte zu finden sein:

- **Corporate Wording:** Gibt es bestimmte Schlüsselwörter, Phrasen, Formulierungen, die man regelmäßig nutzt? Welche Schreibweisen von bestimmten Begriffen verwendet man? Wie werden Abkürzungen oder Zeichen im Text eingesetzt?
- **Tone-of-Voice:** Wie soll die Tonalität des Unternehmens unabhängig von der Zielgruppe sein (sachlich, informativ, emotional, locker etc.)? Welche Werte sollen sprachlich vermittelt werden (umweltfreundlich, modern, flexibel, vertrauenswürdig etc.)?
- **Inklusive Sprache:** Kommt inklusive Sprache zum Einsatz? Wenn ja, wie? Mit welcher Schreibweise? Wie steht es um die Kombination aus Suchmaschinenoptimierung und inklusiver Sprache? Was von beidem hat Vorrang? Mehr zu diesem Thema ist in Kap. 6 zu finden.
- **SEO vs. Grammatik:** Was hat Priorität? Mehr zu diesem Thema ist in Abschn. 6.2.2 erläutert.

- **Länderspezifische Regeln:** Existieren diese? Wenn ja, welche? Gibt es unterschiedliche Schreibweisen von Wörtern, so zum Beispiel im DACH-Raum (etwa „Größe" vs. „Grösse" für die Schweiz, die kein „ß" nutzt)? Gibt es spezifische Begriffe (zum Beispiel „Jänner" für „Januar" in Österreich) oder rechtliche Aspekte, die zu berücksichtigen sind (zum Beispiel bezüglich Impressumspflichten, Quellenverweise o. Ä.)?
- **Glossare:** Diese können zum Beispiel bei regelmäßigen Übersetzungen eine Rolle spielen oder auch bei technischen Themen.
- **Rechtliches:** Kann es je nach Thema sinnvoll sein, einen Disclaimer einzufügen? Wie soll dieser formuliert sein? Wo sollte er auf der Seite zu finden sein? Und hat dazu Rücksprache mit der Rechtsabteilung des Unternehmens/des Kunden stattgefunden? Online findet man zahlreiche Musterbeispiele für Disclaimer für unterschiedliche Zwecke.

Content-Analyse

Mit dem Veröffentlichen von Content ist ein wichtiger Schritt für Content-Manager*innen getan, um Reichweite bei der Zielgruppe zu generieren. Und doch geht es zeitnah mit dem nächsten Schritt weiter: mit der Analyse des Contents. Schließlich soll dieser langfristig erfolgreich sein und die angestrebten Ziele erreichen. Um Content zu analysieren, steht eine Vielzahl an kostenlosen sowie kostenpflichtigen Tools bereit, die Content-Manager*innen unterstützen (s. „Praktische Tools für professionelles Content-Management" in Kap. 12). Fragen, die sich Content-Manager*innen unter anderem während der Analyse beantworten sollten, sind:

- Wie viel organischer Traffic kommt auf meinen Content? Wie hoch sind die Organic Visits? Wie viele Klicks hat ein Artikel?
- Wie schneiden meine Artikel in den Suchmaschinen-Rankings ab?
- Wie viele Leser*innen melden sich an und werden zu Leads?
- Wie lange verweilen Leser*innen auf einer Seite?
- Wie hoch ist die Bounce Rate auf einer Seite?
- Über welche Seite kommen die Interessenten auf die Website (Entry Page)?

Antworten auf diese Fragen geben Hinweis darauf, welcher Content gut funktioniert oder eben nicht funktioniert und Content-Manager*innen überarbeiten sollten. Dies spielt nicht zuletzt für die langfristige Content-Planung wieder eine Rolle.

3.2 Wie funktionieren Content-Audit und Content-Mapping?

Zu einer Content-Strategie gehört nicht nur das Planen von neuem Content, sondern auch die regelmäßige Überprüfung von bereits bestehendem Content, wie das Thema Content-Analyse bereits gezeigt hat. Bei bereits bestehendem Content kann es sich beispielsweise um Blogartikel auf der Website eines Unternehmens, aber auch um Produktseiten auf der Website handeln.

Ein Content-Audit dient „der Bestandsaufnahme der aktuell präsentierten Inhalte und definiert somit den Status quo des Content-Bestands. Auf Grundlage der hier erzielten Ergebnisse können Entscheidungen bzgl. der zukünftigen inhaltlichen Ausrichtung des Content-Marketings getroffen werden" (Kilian & Kreutzer, 2022, S. 178). In Kombination mit der bereits erwähnten Content-Analyse sollten sich Content-Manager*innen die folgenden Fragen stellen, wenn sie einen Content-Audit durchführen:

- Wie viel Traffic zieht mein Artikel noch? Ist er gestiegen oder gesunken im Vergleich zu den Vormonaten?
- Welcher Artikel ist thematisch veraltet? Sollte man diesen auf eine andere URL umleiten oder updaten und neu veröffentlichen?
- Welches Thema ist mehrfach durch Artikel besetzt, sodass man diese zu einem zusammenfassen kann? Welche Artikel muss man dann redirecten?
- Welche Themen sind noch unbesetzt? Zu welchem Thema sollten neue Artikel erstellt werden?

Vor allem für die letzten beiden Punkte ist es ratsam, vorab ein Content-Mapping durchzuführen. Dabei überprüfen Content-Manager*innen, auch in Anlehnung an die Customer Journey, welche Content-Formate und Themen für welche Phase der Customer Journey bereits vorhanden sind und wo noch Lücken bestehen. Dabei gibt es mehrere Möglichkeiten, wie man bei einem Content-Mapping vorgehen kann. Man kann zum Beispiel:

- **Nach Zeit vorgehen:** Die Customer-Journey-Phasen durchspielen und bestehenden Content diesen Phasen zuordnen. Beispiele: Unterschiedliche Phasen einer Jobsuche (Stellenanzeigen sichten, Bewerbung vorbereiten, Vorstellungsgespräch etc.), einer Reiseplanung (Reiserecherche, Buchung, Koffer packen etc.) oder einer Hochzeitsplanung (Datum und Ort festlegen, Gästeliste erstellen, Programm planen etc.).

- **Thematisch vorgehen:** Welche Themen und Unterthemen spielen eine Rolle und welche sind schon mit Content besetzt? Beispiel: Unter das Thema Prüfungsangst fallen Themenaspekte wie Entstehung von Angst, Körperreaktionen bei Prüfungsangst, Tipps gegen Prüfungsangst etc.
- **Nach Branche vorgehen:** Welche Branchen sind schon durch den Content angesprochen? Bei welchen besteht noch Raum und Bedarf für mehr Content?

Ziel eines Content-Mappings und eines Content-Audits ist, dass alle möglichen Touchpoints, an denen man die Zielgruppe(n) mit Content ansprechen kann, auch tatsächlich erreicht werden und die Kommunikation zur Zielgruppe nicht abbricht bis zur finalen Kaufentscheidung.

3.3 Warum gehört Content-Tracking zu einer Content-Strategie?

Ordnung ist bekanntlich das halbe Leben. Und obwohl manche eher nach dem Motto handeln, dass ein Genie das Chaos überblickt, sollte man beim langfristigen Content-Management eine etwas strukturiertere Arbeitsweise an den Tag legen. Es gibt zwar mittlerweile eine Vielzahl an digitalen Tools, über die man den eigenen Content tracken kann, es bietet sich aber auch die einfache Version über eine Excel-Tabelle an, die man – natürlich auch einfach als Zusatz zu den genutzten Tools – als „Point of Truth" für sämtliche Content-Maßnahmen verwenden kann.

- **Warum sollte man Content tracken?** Zuerst hat man einen Blogbeitrag veröffentlicht. Dann zwei, dann drei – und am Anfang scheint alles überschaubar. Aber je größer eine Website, je umfassender Marketing-Projekte oder je gefüllter ein Social-Media-Kanal wird, umso unüberschaubarer kann der Content werden. Doch egal, um wie viele Seiten oder Blogartikel es sich am Ende handelt: Content-Tracking dient nicht nur der eigenen Übersicht, sondern auch der Suchmaschinenoptimierung. Ein wichtiges Ziel ist schließlich, dass jede Seite und jeder Artikel einer Website gut performt und dies schließt ein, dass sich keine Themen doppeln und gegenseitig kannibalisieren. Zudem dient der Content-Tracker auch als Basis für regelmäßige Content-Audits und um zu erkennen, welche Seiten eventuell veraltet sind und eine Überarbeitung benötigen.
- **Was genau sollte man beim Content-Tracking festhalten?** In einem Content-Tracker – ob nun spezielles Tool oder simple Excel-Liste – sollte alles enthalten sein, was rund um Website und Co. passiert. Hier gibt es kein Richtig und kein

Falsch und manche mögen hier strukturierter oder detaillierter sein als andere. Jedoch geben die folgenden Punkte eine Inspiration dafür, was Content-Manager*innen tracken sollten, um langfristig den Überblick über ihre Arbeit zu behalten:

- Alle Seiten einer Website mit Headline (H1), Keywords und URL
- Alle Artikel eines Blogs inklusive Überschrift, Keywords, Autor*in, Veröffentlichungsdatum und URL. Falls Seiten oder Artikel überarbeitet wurden: Datum der Überarbeitung beifügen. Zudem sollte man am besten anmerken, ob zum jeweiligen Artikel bereits ein Social-Media-Post erschienen ist.
- Neue Ideen für Blogartikel oder weitere Content-Formate. Dies kann auch als Planungsübersicht genutzt werden mit unterschiedlichen Status wie „In Process", „Final" oder „Published".
- Sollte eine spezielle Customer Journey oder ein Content-Mapping aufgebaut worden sein als Basis für die Content-Strategie, bietet es sich an, dies auch in den Content-Tracker zu integrieren. Oft lassen sich hieraus neue Ideen ableiten.
- Keyword-Liste: Falls eine größere Keyword-Recherche durchgeführt wurde, sollte auch diese in einem Content-Tracker zu finden sein, um neue Content-Ideen ableiten zu können.

Transfer in die Praxis
- Fragen Sie sich, ob es in Ihrem Unternehmen bereits eine durchdachte Content-Strategie gibt. Beinhaltet diese alle wichtigen Aspekte, von der Zielgruppenanalyse bis zum regelmäßigen Monitoring? Wenn nicht, treffen Sie Ihr Team, um gemeinsam zu beraten, wie sich eine fundierte Content-Strategie umsetzen oder erweitern lässt.
- Falls noch nicht vorhanden: Erstellen Sie sowohl SEO-Richtlinien als auch einen Styleguide für Sprache und Tonalität, an denen sich das ganze Unternehmen orientieren kann. So erhöhen Sie die Konsistenz in Ihrem Content-Management.
- Nehmen Sie sich Ihren bestehenden Content vor: Was davon lässt sich recyceln und in andere Content-Formate umwandeln? Erstellen Sie zum Beispiel aus Blogbeiträgen einige Social-Media-Posts oder aber basteln Sie aus einer Infografik eine Slide Show für Instagram. Die Möglichkeiten, die Ihr bestehender Content hergibt, sind vielfältig.

- Analysieren Sie Ihren Content: Welcher Content war in der Vergangenheit besonders erfolgreich? Welches Format? Auf welchem Kanal? Was sagen die Klickzahlen und andere SEO-Kennzahlen? Verschaffen Sie sich einen Überblick, welcher Content für Sie bisher gut funktionierte, und fragen Sie sich auch, warum das so war.
- Sofern Sie dies noch nicht tun: Starten Sie das Content-Tracking und bauen Sie dafür einen Content-Tracker. Überlegen Sie sich, welche Vorgehensweise dabei für Sie am einfachsten ist. Durch eine eigens für diesen Zweck erstellte Tabelle, auf die alle im Marketing-Team zugreifen können? Oder möchten Sie ein spezielles Tool für diesen Zweck nutzen? Sobald Sie sich entschieden haben: Tragen Sie den Content in den Content-Tracker ein, der bereits besteht und achten Sie darauf, den Tracker fortlaufend für Nachvollziehbarkeit und Konsistenz zu pflegen.

Literatur

Kilian, K., & Kreutzer, R. T. (2022). *Digitale Markenführung*. Springer Gabler.

Zentrale Content-Formate

4

Zusammenfassung

Dieses Kapitel präsentiert drei wichtige Content-Formate als Praxisbeispiele aus dem Content-Management: den Aufbau einer Website, den Aufbau eines Blogs sowie die Erstellung eines Whitepapers oder E-Books. Es wird erläutert, welche Aspekte Content-Manager*innen hierbei berücksichtigen sollten.

Was Sie aus diesem Kapitel mitnehmen
- Tipps und Beispiele für den Aufbau einer Website
- Tipps und Beispiele für den Aufbau eines Blogs
- Tipps und Beispiele für die Erstellung eines Whitepapers/E-Books

Content-Manager*innen müssen je nach Unternehmen und Position zahlreiche Content-Formate „beherrschen" – von SEO-optimierten Blogartikeln und Social-Media-Posts über Mailings und Pressemeldungen bis hin zu Videos und Infografiken. Dieses Kapitel fokussiert sich auf drei der umfangreichsten Content-Formate, mit und an denen Content-Manager*innen tagtäglich arbeiten, und gibt eine kurze Übersicht, was sie bei diesen Formaten beachten sollten. Dabei handelt es sich um die Unternehmenswebsite, den Blog (als Bestandteil einer Website) und das Whitepaper bzw. das E-Book.

4.1 Unternehmenswebsite

Die Website eines Unternehmens hat viele unterschiedliche Zwecke zu erfüllen: Sie ist digitale Visitenkarte und Aushängeschild für die Vision, Expertise und Werte eines Unternehmens sowie je nach Aufbau auch Vertriebskanal. Daher bedarf die Website eines Unternehmens auch detaillierter Überlegungen zu Struktur, Inhalt, SEO, Design, Tonalität sowie Instandhaltung. Content-Manager*innen kommt hier eine entscheidende Rolle zu, ist die Website doch unter anderem eine der wichtigsten Plattformen, auf denen der von ihnen erstellte Content zu finden ist. Die folgenden Punkte sollten Unternehmen und Content-Manager*innen beim Aufbau oder auch bei der Überarbeitung einer Website beachten:

▶ **Hinweis** An dieser Stelle ist auf den Unterschied zwischen „Website" und „Webseite" hinzuweisen: Während „Website" die gesamte Internetpräsenz bezeichnet, also Startseite und alle Unterseiten einer Domain, bezieht sich „Webseite" auf eine einzelne Unterseite.

Navigationsstruktur
Ist die Websitestruktur so sinnvoll? Ist das Menü logisch aufgebaut? Ist die Navigationsstruktur möglichst einfach und unkompliziert? Findet der User bzw. die Userin die wichtigsten Informationen möglichst schnell? Sind die unterschiedlichen Seitennamen im Menü SEO-optimiert? Sowohl für die Nutzer*innen als auch für SEO (was im Grunde Hand in Hand geht) ist eine klare und logische Navigationsstruktur essenziell.

Texte
Sind alle wichtigen Inhalte auf der Website? Sind die Texte in der passenden Tonalität geschrieben? Sind sie suchmaschinenoptimiert und mit den richtigen Keywords besetzt? Allein die Erstellung der Website-Texte bedarf einiger Vorarbeit. Sind zudem alle Informationen auf dem aktuellen Stand, zum Beispiel Produktauswahl und Preise? Sind die Texte mit Querverlinkungen versehen? Sind die Texte für eine Website auch nicht zu lang? Wurden alle Seiten mit Title Tags und Meta Descriptions versehen? Enthält der HTML-Code der Texte (falls von den Content-Manager*innen eingepflegt) auch keine Junk-Elemente?

Bilder
Auch die Bilder einer Website sollten suchmaschinenoptimiert aufbereitet sein. Sind sie nicht zu groß, sodass sie zu sehr langen Ladezeiten der Seite führen? Sind sie im richtigen Format gespeichert (zum Beispiel .jpg, oder .png)? Sind sie nicht

4.1 Unternehmenswebsite

verpixelt? Sollte die Größe noch nicht passen, gibt es kostenlose Komprimierungs-Tools wie *TinyPNG*, mit denen man Bilder verkleinern kann. Haben Bilder einen klaren und SEO-optimierten Namen, der der Suchmaschine verdeutlicht, was darauf zu sehen ist und im Idealfall auch ein Keyword enthält? Ist der Alt-Tag korrekt formuliert? Beim Alt-Tag oder auch Alt-Text handelt es sich um die Textversion eines Bildes. Sollten Bilder einmal nicht laden, wird der Alt-Tag stattdessen angezeigt und sollte daher beschreiben, was auf dem Bild zu sehen wäre – und idealerweise ebenfalls ein Keyword enthalten. Der Alt-Text wird zudem Menschen mit Blindheit oder Sehbehinderung von Screenreadern vorgelesen, um ein Bild zu beschreiben (s. dazu auch Abschn. 6.2.3).

Farbschema und Schriftart

Content-Manager*innen kümmern sich nicht in erster Linie um das Design einer Website, werden hierfür jedoch auch öfter beratend ins kreative Team geholt. Passen das Design, das Farbschema und die Schriftart zum Unternehmen (zum Beispiel verspielt vs. seriös)? Finden sich die Corporate Colours auf der Website wieder? Ist das Logo passend eingebaut? Spiegelt sich der Charakter des Unternehmens im Design wider? Dies sind Aspekte, bei denen Content-Manager*innen Grafiker*innen, Website-Designer*innen oder auch die IT unterstützen können.

Verlinkungen

Die Linkstruktur auf einer Website gibt sowohl den Nutzer*innen als auch der Suchmaschine Orientierung – sie dient als Anhaltspunkt und auch als Richtungsweiser. Über interne Verlinkungen, also Querverweise von einer Webseite zu einer anderen innerhalb derselben Domain, verdeutlicht man, welche Seiten thematisch zusammenhängen, und weist den Leser*innen den Weg zu verwandten Themen. Zudem dienen interne Verlinkungen als Orientierungshilfe für Crawler, die die „Logik" einer Website analysieren und bewerten. Je logischer und stabiler die inhaltliche Verknüpfung bzw. Linkstruktur auf einer Website also ist, umso besser. Zudem gehört zu jedem Link auch ein Link- bzw. Ankertext. Dieser sollte klar aufzeigen, wohin der Leser bzw. die Leserin geführt wird, wenn er/sie auf diesen Link klickt. Dies gibt Kontext und erhöht dadurch die Nutzerfreundlichkeit. Bei Links, die zu einer anderen Domain und von der eigenen Seite wegführen, ist zu beachten, dass sie sich innerhalb eines neuen Tabs öffnen sollten, damit der Leser bzw. die Leserin nicht von der eigenen Website weggeführt wird.

Social Proof

Zum Social Proof gehören alle positiven Bewertungen oder Aussagen zu einem Unternehmen oder Produkt. Innerhalb einer Website können Testimonials oder Erfahrungsberichte diesen Social Proof sicherstellen. Er dient als Signal für Interessenten, dass andere Kund*innen bereits zufrieden mit einem Produkt oder einer Dienstleistung waren, und schafft Vertrauen. In Zeiten von zunehmenden digitalen Inhalten wird Social Proof immer wichtiger. Weitere Beispiele dafür sind Likes, Shares und Follower-Anzahlen auf Social Media sowie Partnerschaften, Zertifizierungen oder Medienerwähnungen. Die drei letzten Punkte sind ebenfalls Komponenten, die sich auf einer Website integrieren lassen, am besten mit entsprechender Verlinkung.

Core Web Vitals
Wie steht es um die sogenannten Core Web Vitals (s. Abschn. 5.2)? Sind Ladezeiten und Interaktionsmöglichkeiten der Website schnell genug für die Nutzer*innen? Wenn nicht, woran liegt das und wie lässt es sich verbessern?

URL-Struktur
Eine gute URL ist prägnant. Sie besteht aus dem Protokoll (zum Beispiel https://), dem Domain- oder Servernamen sowie dem Dateipfad. Der Dateipfad kann aus mehreren Verzeichnisebenen bestehen. Wenn Content-Manager*innen eine neue Seite oder einen neuen Artikel veröffentlichen, entscheiden sie über die letzte Ebene bzw. über den letzten URL-Slug. Dieser könnte idealerweise das Primary Keyword des Artikels oder der Seite sein. Zudem ist zu beachten, dass eine deutsche URL keine Umlaute enthalten und so kurz wie möglich sein sollte.

Code
Ist der Code frei von Junk-Elementen? Sind im Falle von HTML als Programmiersprache alle wichtigen HTML-Tags gesetzt, wie zum Beispiel Canonical Tags oder hreflang-Tags?

Impressum und Datenschutz
Impressum und Datenschutzerklärung sind in Deutschland verpflichtend für jede Website. Dafür kann man sich entweder rechtliche Unterstützung suchen oder aber auch zahlreiche kostenlose Generatoren nutzen.

> ▶ **Tipp** Vor allem im Rahmen der Suchmaschinenoptimierung ist es hilfreich, oder besser gesagt notwendig, regelmäßige Website-Analysen durch Tools, wie zum Beispiel Screaming Frog, durchzuführen. Weitere geeignete Programme sind im Abschnitt „Praktische Tools für professionelles Content-Management" in Kap. 12 aufgeführt.

4.2 Unternehmensblog

Der Blog als Teil der Unternehmenswebsite ist vor allem ein geeignetes Instrument, um die Expertise eines Unternehmens vor- und unter Beweis zu stellen. Folgendes sollten Content-Manager*innen beim Aufbau und Ausbau eines Blogs beachten:

Blog und News-Bereich trennen
Die Inhalte eines Blogs und Nachrichten in Form von zum Beispiel Pressemeldungen findet man häufig zusammen auf einer Seite einer Domain. Dabei dienen diese Formate unterschiedlichen Zwecken und sollten daher auch aus SEO-Sicht unterschiedlich gehandhabt werden. Hierzu ist ein kurzer Exkurs zur Suchmaschinenoptimierung erforderlich (ausführliche Informationen in Kap. 5): Vor allem Content, der „evergreen" ist, also langfristig wichtig und „gültig" ist, wird von Suchmaschinen als nützlich und daher positiv bewertet. Sogenannter „Point-in-time-Content", zum Beispiel zu einem bestimmten Ereignis, wird hingegen nicht langfristig als nützlich bewertet. Während ein Blog sich auf Evergreen-Themen fokussiert und zum Beispiel die Expertise eines Unternehmens (meist bzw. überwiegend) in Textform präsentiert, behandelt News-Content die Point-in-time-Themen, zum Beispiel in Form von Pressemeldungen. Während ein Blog daher problemlos suchmaschinenoptimiert werden kann durch Keywords etc., wird dies im News-Bereich schwieriger ausfallen, da durch die kurzfristige Aktualität des Themas die Nutzung von bestimmten Keywords nicht funktioniert, weil sie nach gewisser Zeit an Suchvolumen verlieren. Die Inhalte eines News-Bereichs sind daher am besten auf Noindex zu setzen, also so eingestellt sein, dass die Suchmaschine sie nicht in ihre Bewertung aufnimmt. Die SEO-optimierten Inhalte eines Blogs hingegen sollten immer indexiert werden, da sie zum Suchmaschinen-Ranking beitragen und organischen Traffic anziehen sollen. In Kürze: Blog und News-Bereich erfüllen unterschiedliche Zwecke, sind aus SEO-Sicht unterschiedlich aufgebaut und sollten daher unter verschiedenen URLs laufen.

Suchmaschinenoptimierte Artikel
Blogbeiträge sollten suchmaschinenoptimiert sein und demnach allen SEO-Richtlinien folgen, die in Kap. 5 beschrieben sind. Dazu zählt unter anderem, dass sie ein Keyword bzw. mehrere Keywords enthalten, logisch aufgebaut sind und sich nicht gegenseitig kannibalisieren.

Querverlinkungen
Verlinkungen zwischen den Blogbeiträgen, aber auch von den Beiträgen zu anderen Seiten einer Unternehmenswebsite erhöhen den Traffic, sollten aber nicht übermäßig gesetzt sein. Der Sinn und Zweck sowie der Mehrwert für den Nutzer bzw. die Nutzerin muss hier immer im Vordergrund stehen.

Call-to-Actions
Am Ende eines Blogbeitrags sollte man eine entsprechende Überleitung zum Produkt oder zur Dienstleistung eines Unternehmens schaffen. Der Call-to-Action (CTA) kann aber auch zum Beispiel zu einem thematisch passenden Whitepaper oder zu einem Webinar führen. Wichtig ist nur, dass sich der CTA auf nur ein Produkt fokussiert, zu dem man den Nutzer bzw. die Nutzerin lenken möchte, und nicht auf mehrere.

Konsistenz beim Veröffentlichen
Empfehlenswert ist, dass man eine gewisse Regelmäßigkeit und Konsistenz beim Veröffentlichen der Blogbeiträge walten lässt. Wenn man über einen längeren Zeitraum immer an einem bestimmten Tag einen neuen SEO-optimierten Beitrag veröffentlicht, wird die Suchmaschine dies als zuverlässige Qualität interpretieren und positiv bewerten.

Immer wieder analysieren
Damit der Content auf einem Blog langfristig funktioniert, sollten Content-Manager*innen diesen immer wieder analysieren in Bezug auf Organic Traffic und Suchmaschinen-Ranking. Regelmäßige Content-Updates können notwendig sein, um diese Faktoren langfristig positiv zu beeinflussen.

4.3 Whitepaper und E-Book

Ein Whitepaper oder auch ein E-Book dienen der Wissensvermittlung, aber vor allem auch der Lead-Generierung. Potenziellen Kunden und Kundinnen wird hier ein Mehrwert in Form von verschriftlichter Expertise geboten. Ein Unternehmen zeigt, mit welchem Know-how es dem Kunden oder der Kundin helfen kann. Dabei bietet es sich vor allem an, ein Problem zu behandeln, für das die Zielgruppe eine Lösung sucht, und in dem Whitepaper/E-Book die entsprechenden Antworten zu geben, zum Beispiel zum Thema „So sorgen Sie für effektive und effiziente Prozesse innerhalb Ihrer Buchhaltung". Um das Whitepaper/E-Book erhalten zu können, müssen Interessenten ein Formular ausfüllen und Kontaktdaten hinterlegen, um dieses als Download zu erhalten. Hier handelt es sich also um sogenannten Gated Content. Die Kontaktdaten wiederum können Unternehmen nutzen, um

4.3 Whitepaper und E-Book

Leads zu erhalten und zu Kund*innen weiterzuentwickeln. Doch was genau sollte man als Content-Manager*in nun bei der Erstellung eines Whitepapers oder eines E-Books berücksichtigen?

Zielgruppenanalyse
Zumeist ergibt sich durch die Zielgruppenanalyse, aus dem Content-Mapping und aus der Content-Strategie bereits, welche Themen sich für ein Whitepaper oder E-Book anbieten. Wichtig ist, dass man sich genau darüber bewusst ist, wer die Zielgruppe ist und welche Lösungen diese für welche Herausforderungen sucht.

SEO-Optimierung
Ein Whitepaper oder E-Book als PDF-Datei ist zwar für das Suchmaschinen-Ranking nicht so relevant wie die Inhalte auf den Webseiten, jedoch spielt das Thema SEO auch hier eine Rolle. Es sollte sich hier immer um qualitativ hochwertige und nutzwertige Inhalte handeln, die SEO-optimiert geschrieben und strukturiert sind. Titel und Dateiname des PDFs sollten aussagekräftig sein und am besten ein entsprechendes Keyword enthalten. Bilder sollten mit Alt-Tags hinterlegt und schnelle Ladezeiten gewährleistet sein.

Langfristig interessanter Content
Die Mühe und der Aufwand für ein Whitepaper oder E-Book gehen meist über die eines Blogbeitrags hinaus. Zudem sollte ein Whitepaper/E-Book langfristig neue Leads anziehen und zum Downloaden anregen. Daher bietet sich auch hier ein sogenanntes Evergreen-Thema an, das langfristige Relevanz für die Zielgruppe hat.

Layout
Das Layout ist oft die Aufgabe von Grafiker*innen. Sollten Content-Manager*innen dies jedoch übernehmen, ist erneut darauf zu achten, dass Design und Layout zum Charakter des Unternehmens passen – und sowohl Farbwahl als auch Schriftart sollten zu Website und anderen bereits bestehenden Druckmaterialien passen, um einen einheitlichen Unternehmensauftritt zu garantieren.

Landing Page
Hierbei handelt es sich metaphorisch gesprochen um das Tor zum Whitepaper/E-Book und um eine Seite innerhalb der Unternehmenswebsite, auf der das Whitepaper/E-Book zu finden ist. Interessenten sind vermutlich über Social Media oder einen Artikel auf die Landing Page gelangt. Hier gilt es nun noch einmal, erste Informationshappen zu geben und zum finalen Download anzuregen. Der Text auf der Seite sollte daher gut darstellen, was Interessenten von dem Content erwarten können, und kann zum Beispiel auch Teile der Einleitung des Whitepapers enthalten. Nutzerfreundlich sind zudem immer Bullet Points, die die wich-

tigsten Inhalte eines Whitepapers auflisten. Zu empfehlen ist, die Landing Page nicht mit Informationen zu überfrachten – schließlich soll der Klick auf den Download-Button noch erfolgen.

Texte für den Download-Prozess
Sobald der Klick auf den Download-Button erfolgt, erhält der Nutzer bzw. die Nutzerin eine E-Mail mit entsprechendem Verweis auf den Double-Opt-in. Auch diese Texte – vom Formular über die Bestätigungs-E-Mails bis zur finalen Seite des Prozesses – erstellen zumeist Content-Manager*innen.

Support durch Content
Durch Blogbeiträge und regelmäßige Social-Media-Posts lässt sich ein Whitepaper/E-Book promoten. Außerdem könnte man diese auch mehrfach in einem Newsletter erwähnen, damit Kund*innen und Interessent*innen darauf aufmerksam werden. Kolleg*innen aus dem Unternehmen können dies noch unterstützen, indem sie dazu aufgerufen werden, Social-Media-Posts dazu zu liken und mit ihrem Netzwerk zu teilen.

Weitere Content-Formate, mit denen Content-Manager*innen sich je nach Unternehmen und Position auskennen müssen, sind unter anderem Pressemeldungen, Fachartikel, Interviews, Newsletter, Mailings, Broschüren, Flyer, Case Studies, Social Media, Infografiken, Bilder, Videos, Animationen und Podcasts. Diese sind jedoch in diesem Buch nicht im Detail aufgeführt.

Transfer in die Praxis
- Werfen Sie einen Blick auf Ihre Unternehmenswebsite und gehen Sie die Checkliste durch: Sind bereits alle relevanten Aspekte hier berücksichtigt? Wie intensiv wurde zum Beispiel das Thema SEO dabei verfolgt? Notieren Sie sich, welche Themen noch ausbaufähig sind, und erstellen Sie eine Roadmap für die Umsetzung dieser Themen.
- Schauen Sie auf Ihren Unternehmensblog, falls vorhanden, und analysieren Sie: Handelt es sich hierbei vor allem um Evergreen-Themen oder um Point-in-Time-Themen? Muss eine Aufteilung in Blog und News-Bereich noch erfolgen? Überlegen Sie gemeinsam im Team, wie sich dies umsetzen lässt.
- Schnappen Sie sich Ihr letztes E-Book: Ist das Potenzial dieses E-Books bereits ausgeschöpft? Lässt sich durch eine SEO-Optimierung noch mehr Erfolg erzielen? Ist auch dieses Content-Format bereits für „Snackable Content" in Form von Social-Media-Posts oder Grafiken genutzt?

Suchmaschinenoptimierung 5

Zusammenfassung

Suchmaschinenoptimierung (SEO) ist einer der wichtigsten Aufgabenbereiche im Content-Management. Wenn Unternehmen im Wettbewerb um gute Suchmaschinen-Rankings weit oben mitspielen möchten, führt kein Weg an diesem teils komplexen Thema vorbei. Content-Manager*innen benötigen tiefgehendes, teils technisches Wissen über SEO. Dieses Kapitel gibt eine Einführung in das Thema und liefert Tipps aus der Praxis.

Was Sie aus diesem Kapitel mitnehmen
- Definition von Suchmaschinenoptimierung und deren Bedeutung im Content-Management
- Faktoren, die das Suchmaschinen-Ranking von Content beeinflussen (können)
- Praxisbeispiel: Was gehört zur SEO-Optimierung eines Blogbeitrags?
- Gründe für Suchmaschinenoptimierung als langfristige Aufgabe

Das Thema Suchmaschinenoptimierung (englisch: Search Engine Optimization, SEO) nimmt im Arbeitsalltag von Content-Manager*innen eine bedeutende Rolle ein. Content, der online funktionieren soll – also Reichweite und Sichtbarkeit generieren soll – muss suchmaschinenoptimiert sein. Man kann also sagen, dass für professionelles Content-Management kein Weg an Suchmaschinenoptimierung vorbeiführt. Dieses Thema füllt ohne Weiteres ganze Bücher. An dieser Stelle soll es allerdings um die wichtigsten Informationen und Begriffe gehen, die Content-Manager*innen im Rahmen von SEO begegnen werden und die sie daher kennen sollten. Zudem wird dieses Kapitel relevante und hilfreiche Tipps und Methoden rund um SEO zusammenfassen.

▶ **Hinweis** Für Einsteiger*innen in das Thema möchte ich auf das Glossar in diesem Buch verweisen, in dem die wichtigsten Begriffe rund um SEO aufgeführt und erläutert sind.

5.1 Was ist Suchmaschinenoptimierung und welche Rolle spielt es im Content-Management?

Bei der Suchmaschinenoptimierung geht es darum, digitale Inhalte so aufzubereiten, dass Suchmaschinen wie Google sie als qualitativ hochwertig einstufen, sie somit hohe Positionen in den Suchergebnissen (englisch: Search Engine Result Pages, SERPs) erzielen und potenzielle Kund*innen sie dadurch schnell finden und anklicken. Indem man digitale Inhalte suchmaschinenoptimiert, egal ob nun Texte, Bilder, Videos etc., erhöht man die Chancen auf Sichtbarkeit, Auffindbarkeit und Reichweite im Internet. Das übergeordnete Ziel bei der Suchmaschinenoptimierung ist demnach, ein größeres (und vor allem das richtige) Publikum langfristig für sich zu gewinnen und so mehr Umsatz zu generieren. Dabei ist jedoch zu beachten: Content muss für die Nutzer*innen und Leser*innen erstellt sein, damit eine Suchmaschine diesen als qualitativ hochwertig erkennt – und nicht einfach nur für die Suchmaschine. Oder anders formuliert: Suchmaschinen bewerten Content mittlerweile danach, wie nützlich er für echte Nutzer*innen und Leser*innen erstellt ist, und nutzen dafür diverse Kriterien, die in den folgenden Abschnitten im Rahmen von konkreten Beispielen näher aufgeführt sind.

Suchmaschinenoptimierung ist ein Marathon und kein Sprint, vor allem für Content-Manager*innen. Unternehmen stehen heutzutage auch (oder besser gesagt vor allem) digital in Konkurrenz zueinander, denn jedes Unternehmen möchte weit oben in den SERPs landen, um potenzielle Kund*innen für sich zu gewinnen – und arbeiten deshalb kontinuierlich an der Suchmaschinenoptimierung. Das führt dazu, dass hohe Rankings in den Ergebnislisten immer nur eine Momentaufnahme sind: Content-Manager*innen müssen immer wieder über entsprechende Analyse-Tools prüfen, ob der veröffentlichte Content, zum Beispiel auf einer Website oder einem Blog, in den Rankings steigt oder fällt bzw. mehr oder weniger Klicks generiert, und im schlechteren Fall (dies wäre der langfristige Abstieg von Rankings) müssen sie den Content überarbeiten.

> **Beispiel**
>
> Nehmen wir an, Leser X aus Frankfurt möchte sich darüber informieren, wo sich die nächste Trampolinhalle befindet, die er für einen Geburtstag buchen möchte. Vermutlich gibt er in der Suchmaschine die Suchanfrage (oder auch das Keyword) „Trampolinhalle Frankfurt" ein, um eine Antwort auf diese Frage zu finden. Nun werden ihm alle Ergebnisse der Trampolinhallen in Frankfurt und Umgebung angezeigt. Vermutlich wird er sich die ersten Ergebnisse auf der ersten Ergebnisseite, vielleicht auch noch auf der zweiten ansehen, um eine Entscheidung zu treffen. Bedeutet: Die Trampolinhallen auf der ersten Seite und in den oberen Ranking-Positionen machen hier meistens den Zuschlag. Und nun wechseln wir die Perspektive: Wie hat die Trampolinhalle auf Position 1 in der Suchmaschine es auf diesen Platz geschafft? Was hat sie dafür getan? Was macht sie besser als andere? Genau an diesem Punkt setzen Content-Manager*innen und auch Texter*innen an, denn dies ist ihre Hauptaufgabe: den Inhalten eines Unternehmens Aufmerksamkeit zu verschaffen, indem man diese so erstellt, dass sie so weit oben wie möglich im Suchmaschinen-Ranking erscheinen. Die Gleichung ist simpel: Suchmaschinenoptimierte Inhalte führen zu höheren Rankings in der Suchmaschine, bessere Ranking-Positionen führen zu höheren Klickzahlen durch Interessenten (die sich nicht durch zehn Seiten klicken möchten), höhere Klickzahlen führen wiederum auch zu besseren Rankings, mehr Kund*innen, mehr Käufen und mehr Umsatz. Diese Schleife benötigt Zeit und ist vor allem eine langfristige Aufgabe. Suchmaschinenoptimierung erfordert daher nicht nur Know-how, sondern auch Geduld und Durchhaltevermögen. ◄

Weiterhin ist zu erwähnen, dass man zwischen Content-SEO und technischem SEO unterscheidet, beide Optimierungsarten aber Hand in Hand gehen sollten, damit Suchmaschinenoptimierung überhaupt gelingen kann – denn die Suchmaschine bewertet beides. Während Content-SEO darauf abzielt, wie zum Beispiel Texte geschrieben sein sollten, fokussiert sich technisches SEO unter anderem darauf, wie stabil eine Website gebaut ist – zum Beispiel im Sinne von Ladezeiten bzw. Geschwindigkeit, Responsive Webdesign (also die Fähigkeit der Website, sich optisch an das Endgerät des Nutzers bzw. der Nutzerin anzupassen) oder auch Seitenaufbau. Ohne stabile Komponenten im technischen SEO hat Content – so suchmaschinenoptimiert dieser auch sein mag – weniger Chancen im Wettbewerb um hohe Rankings in den Suchmaschinen. Daher sollten Content-Manager*innen Know-how in beidem mitbringen: Expertenwissen in Content-SEO und zumindest Basiswissen im technischen SEO für die Zusammenarbeit mit der IT sind erforderlich, um den Job erfolgreich ausführen zu können.

5.2 Welche Faktoren beeinflussen das Suchmaschinen-Ranking von Content?

Es gibt hunderte Faktoren, die das Suchmaschinen-Ranking einer Website positiv oder negativ beeinflussen können – manche stärker, manche weniger. Die folgende Auflistung zeigt die wichtigsten Faktoren auf, die Content-Manager*innen im Berufsalltag rund um SEO begegnen.

Organic Traffic
Ein bedeutender Faktor für das Suchmaschinen-Ranking ist der Organic Traffic. Wie viele unbezahlte Klicks generiert eine Seite? Wie lange bleiben die Nutzer*innen auf dieser? Springen sie schnell wieder ab? Organic Traffic ist etwas, das sich eine Seite verdienen muss – daher ist dieser Faktor einer der wichtigsten für Content-Manager*innen im Rahmen von SEO.

Qualität und Relevanz der Inhalte
Zu den Faktoren, die einen Content qualitativ hochwertig machen, zählen unter anderem die Relevanz des Themas (Evergreen Content), der Kontext der Inhalte, die Einhaltung von SEO-Richtlinien, die Länge, der/die Autor*in des Contents, die Verständlichkeit, der Mehrwert für die Zielgruppe sowie die Einzigartigkeit des Contents.

Unique vs. Duplicate Content
Wie im vorherigen Punkt bereits erwähnt, sollte Content einzigartig sein. Das bedeutet, dass man keinen Content von anderen Seiten kopieren oder auf der eigenen Seite doppelt veröffentlichen sollte. Um zu prüfen, ob Content auch wirklich einzigartig ist, empfiehlt sich die Nutzung eines Plagiatscheckers, die es kostenlos gibt.

E-E-A-T
Hinter diesem Konzept verstecken sich die englischen Begriffe Experience, Expertise, Authoritativeness und Trustworthiness. Die beiden „E" stehen für Erfahrung und Expertise, „A" für Autorität oder auch Reputation und „T" für Vertrauenswürdigkeit, Transparenz oder auch Legitimität von Inhalten. Dieses Konzept spielt abhängig vom Thema eine bedeutende Rolle im Rahmen der Suchmaschinenoptimierung, vor allem bei sogenannten YMYL-Themen (Your money, your life) wie zum Beispiel Gesundheit, Recht, Finanzen oder auch Nachrichten. Für Content-Manager*innen bedeutet das: Jedes Thema muss bis zu einem gewissen Grad eine spezielle Expertise aufweisen – zum Beispiel durch das Wissen und die

5.2 Welche Faktoren beeinflussen das Suchmaschinen-Ranking von Content?

Erfahrung der Autor*innen, die man zum Beispiel in einer Autorenbox darlegen kann. Weiterhin ist es förderlich für Content, dass dieser als Autorität angesehen wird und eine gute Reputation aufweist, zum Beispiel durch Referenzen oder Empfehlungen von externen Seiten. Der dritte Aspekt zielt auf die Vertrauenswürdigkeit von Inhalten ab: Wer ist verantwortlich für den Content? Welche Quellen wurden dafür benutzt? Das Konzept des E-E-A-T gilt nur indirekt als Ranking-Faktor, da es schwierig messbar ist, jedoch sollten Content-Manager*innen den Anforderungen dieses Konzeptes gerecht werden, um ihre SEO-Ziele zu erreichen. Das gelingt durch gut recherchierten und fokussierten Content, Zertifikate oder Siegel auf der Website, Rezensionen von Kund*innen oder auch Backlinks.

Evergreen Content
Beim sogenannten Evergreen Content handelt es sich um Inhalte, die langfristig relevant sind. Im Gegensatz hierzu gibt es den Point-in-time-Content, der nach kurzer Zeit an Relevanz verliert. Content Manager*innen sollten sich auf Evergreen Content fokussieren, um langfristig gute Rankings zu erzielen.

Usability
Die Usability umfasst Faktoren, die die Benutzerfreundlichkeit beeinflussen. Hierzu zählen zum Beispiel die Core Web Vitals, die im übernächsten Punkt beschrieben sind. Weiterhin zählt hierzu, wie viele Broken Links und 404-Pages eine Website hat – also wie oft ein*e Nutzer*in potenziell wortwörtlich im digitalen Nirgendwo landen kann, weil eine URL nicht mehr existiert. Auch SEO-optimierte Meta-Daten und die Bildqualität beeinflussen die Usability einer Website.

Konsistenz
Ein weiterer wichtiger Ranking-Faktor ist das Thema Konsistenz. Dabei geht es nicht nur darum, regelmäßig neuen Content zu veröffentlichen und einen festen Content-Rhythmus zu etablieren, sondern auch um einen einheitlichen Sprachstil. Ein einheitlicher Webauftritt schafft Glaubwürdigkeit und Vertrauen und erhöht dadurch die Sichtbarkeit. Für die Suchmaschine bedeutet Konsistenz, dass sie regelmäßige Signale von einer Website bekommt, diese also „aktiv" ist, was wiederum das SEO-Ranking positiv beeinflusst. Hier wird die Relevanz einer durchdachten Content-Strategie nochmals deutlich.

Core Web Vitals
Core Web Vitals dienen dazu, die Benutzerfreundlichkeit einer Website messbar zu machen. Zu den drei bekannten Core Web Vitals zählen der LCP (Largest Contentful

Paint), der FID (First Input Delay) sowie der CLS (Cumulative Layout Shift). Beim LCP geht es um die Frage, wie schnell das Hauptelement einer Seite lädt. Im Idealfall sollten dies maximal 2,5 s sein. Beim FID handelt es sich um die Reaktionszeiten der Seite in Bezug auf Interaktionen: Wie schnell kann ein*e Nutzer*in mit der Seite interagieren? Hier ist der Richtwert weniger als 100 Millisekunden. Zuletzt steht der CLS für unerwartete Verschiebungen im Layout einer Seite, also für die visuelle Stabilität einer Seite. Als Wert wird hierfür kleiner als 0,1 angegeben. Dies ist ein künstlich geschaffener Wert, der sich aus der Multiplikation aus Impact Friction (der prozentuale Anteil eines sichtbaren Fensters, der von der Verschiebung betroffen ist) und Distance Friction (prozentuale Entfernung, die ein bewegliches Element im sichtbaren Fenster zurückgelegt hat) ergibt. Bei den Core Web Vitals handelt es sich um ein anspruchsvolles Thema der SEO, bei dem Content-Manager*innen zumeist die Unterstützung von IT-Kolleg*innen benötigen. Wie gut oder schlecht es um die Core Web Vitals auf der eigenen Website steht, können SEO-Analyse-Tools anzeigen.

Backlinks
Backlinks bezeichnen Verlinkungen, die von externen Webseiten zur eigenen Website führen. Während interne Links zur sogenannten Onpage-Optimierung gehören, fallen Backlinks unter die Offpage-Optimierung. Backlinks zählen als wichtiger Ranking-Faktor, da sie als Empfehlung für den eigenen Content gelten – sofern es sich um hochwertige Links handelt, die themenrelevant sind. Diese Rückverlinkungen können den Faktor E-E-A-T stärken, da sie das Vertrauen in eine Website erhöhen sowie deren Relevanz – denn schließlich muss es einen Grund geben, dass viele externe Links auf diese Seite führen. Damit dem jedoch tatsächlich so ist – also die Suchmaschine Backlinks als hochwertig ansieht – müssen gewisse Anforderungen erfüllt sein: Kommen die externen Links von Seiten, die thematisch verwandt sind? Wo ist der Link auf dieser Seite positioniert? Wie lautet der Ankertext? Wie nutzwertig ist der Content rund um den Backlink? Und sind dort die entsprechenden Keywords zu finden? Content-Manager*innen ist zu empfehlen, eine Backlink-Analyse durchzuführen, was auch über die meisten SEO-Tools möglich ist. Abzuraten ist jedoch vom Kauf von Backlinks, da dies als Manipulation abgestraft werden kann durch schlechtere Ranking-Positionen. Wenn Backlinks nur gekauft sind und keine thematische Relevanz aufweisen oder zum Beispiel zu viele externe Links von einer Seite ausgehen, ist dies dem SEO-Ranking eher abträglich. Content-Manager*innen können diese Offpage-Optimierung selbst pushen, indem sie für hochwertigen Content sorgen, auf den gerne verlinkt wird, oder auch durch Gastbeiträge auf anderen themenrelevanten Seiten, Gewinnspiele, Influencer*innen oder auch Firmenverzeichnisse.

Mobiloptimierung
Ein Großteil der digitalen Inhalte wird über das Mobiltelefon konsumiert (vgl. Statista, 2022). Daher ist es besonders wichtig, dass Content (auch) für dieses Endgerät optimiert ist. Zu den Maßnahmen zählen auf technischer Ebene zum Beispiel das Responsive Webdesign und auf struktureller Ebene zum Beispiel die Unterteilung von Texten in kurze Absätze, die durch Zwischenüberschriften getrennt sind.

5.3 Was bedeutet SEO für Content-Manager*innen in der Praxis?

Im Folgenden wird anhand eines konkreten Beispiels deutlich, wie Content-Manager*innen Suchmaschinenoptimierung bei der Content-Erstellung umsetzen und worauf dabei zu achten ist. Dabei wird es um die Erstellung eines Blogbeitrags auf einer Unternehmenswebsite gehen.

▷ **Hinweis** Auch für die folgenden Abschnitte stellt das Glossar in diesem Buch eine hilfreiche Unterstützung dar.

Nehmen wir an, ein*e Content-Manager*in soll einen Beitrag zum Thema „Die schönsten Reiserouten in Portugal" für ein Unternehmen aus der Tourismusbranche erstellen.

Schritt 1: Recherche und Keywords
Im ersten Schritt wird es darum gehen, die wichtigsten Themenaspekte zu recherchieren und die schönsten Reiserouten ausfindig zu machen – also die passenden Inhalte für den Beitrag zusammenzutragen. Dafür bietet sich sowohl die eigenständige als auch die KI-unterstützte Recherche an (s. Kap. 8). Damit der Blogbeitrag suchmaschinenoptimiert ist, sollte insbesondere eine Recherche besonders gründlich sein: die Recherche der entsprechenden Keywords. Bei Keywords handelt es sich um wichtige Schlüsselwörter, die pro Monat ein bestimmtes Suchvolumen in der Suchmaschine aufweisen. Konkret: Die thematisch passenden Keywords, die eine bestimmte Anzahl an Nutzer*innen als Suchanfrage in eine Suchmaschine eingibt, sollten in einem Text auch entsprechend vorkommen – denn Suchmaschinen wissen genau, was Nutzer*innen suchen, und bewerten Content dahingehend, ob er diesen Suchanfragen gerecht wird. Sollten häufig genutzte Suchanfragen zum Beispiel „Traumstrände Portugal", „mit dem Auto durch Portugal" oder „Reiserouten Portugal" lauten, sollten Content-Manager*innen diese auch entsprechend in ihrem Blogbeitrag nutzen. Welche Keywords sich am besten

für welches Thema eignen, lässt sich über Keyword-Tools herausfinden, die es zum Teil auch kostenlos gibt. Die Keyword-Recherche dient zugleich der Strukturierung des Textes. Wenn ein Keyword wie „Verkehrsregeln Portugal" zum Beispiel ein hohes Suchvolumen aufweist, könnte man sich überlegen, dieses in einem entsprechenden thematischen Absatz oder Infokasten einzubauen.

▶ **Tipp zum Thema Keywords** Die Keywords, die man in einem Text nutzt, müssen nicht zwangsläufig ein hohes Suchvolumen aufweisen. Demnach müssen es nicht immer 1000 oder hunderte Suchanfragen pro Monat sein: Ein Keyword, das thematisch gut in einen Text passt und „nur" ein Suchvolumen von 50 pro Monat aufweist, kann immer noch einen positiven Effekt auf das Ranking eines Blogbeitrags haben. Wichtig ist, dass man mehr als nur ein Keyword in einen Blogbeitrag einbaut und eine Mischung aus sogenannten Primary Keywords (Hauptschlüsselwörter, die öfter vorkommen) und Secondary Keywords nutzt, diese „natürlich" in einen Text einpflegt und auch Long-Tail-Keywords nutzt, also längere Keyword-Phrasen wie zum Beispiel „schöne Strandrouten Portugal finden" statt einfach nur „Portugalurlaub".

Schritt 2: Suchmaschinenoptimierung des Textes
Liegen alle wichtigen Informationen rund um Themenaspekte und Keywords vor, folgt die Ausformulierung des Beitrags. Unabhängig davon, ob man den Text komplett eigenständig schreibt oder sich von KI eine Erstversion erstellen lässt, sollten Content-Manager*innen beim Aufbau auf die folgenden SEO-Faktoren achten:

- **Keywords „natürlich" einsetzen:** Bei den bereits erwähnten Keywords geht es nicht nur darum, die passenden einzusetzen, sondern diese auch auf natürliche Art einzusetzen und so, dass die Suchmaschine es als nutzwertig und qualitativ hochwertig einstuft. Konkret bedeutet das, dass man unter anderem kein sogenanntes „Keyword-Stuffing" ausführen sollte, also nicht einfach die Keywords 30-mal auf unnatürliche Weise in den Text einbaut. Suchmaschinen erkennen diesen Trick und „bestrafen" diesen im Zweifel mit einer schlechteren Einstufung des Contents im Ranking. Um zu berechnen, wie oft man ein Primary Keyword einsetzen sollte, bietet sich die Formel der Keyword-Dichte an. Dabei wird die Anzahl der Keywords auf einer Seite zur Gesamtanzahl der Wörter auf dieser Seite in Beziehung gesetzt. Die entsprechende Formel lautet:

$$\frac{Anzahl\ des\ Keywords\ auf\ der\ Webseite}{Anzahl\ aller\ Wörter\ auf\ der\ Webseite} * 100$$

5.3 Was bedeutet SEO für Content-Manager*innen in der Praxis?

Keywords sollten im Idealfall in der Überschrift, in den Zwischenüberschriften (Subheadlines) und ausgewogen verteilt im ganzen Text vorkommen – also natürlich aufgeteilt zwischen Anfang, Mitte und Ende. Zudem bietet es sich an, auch Synonyme von Keywords zusätzlich in den Text einzupflegen.

- **Kurze Absätze und Zwischenüberschriften**: Leser*innen mögen keine langen Absätze – vor allem nicht, wenn sie den Content mobil auf dem Handy oder Tablet konsumieren. Kurze Absätze mit ansprechenden Zwischenüberschriften sind also vorzuziehen, sowohl für die Leserschaft als auch für die Suchmaschine. Die Überschriften und Zwischenüberschriften müssen für die Suchmaschine entsprechend durch HTML-Tags formatiert sein als H1, H2, H3 und so weiter, was zumeist ganz einfach im Content-Management-System erfolgen kann. Diese Formatierung hilft der Suchmaschine, den Content entsprechend geordnet auszuspielen und auch als „logisch strukturierten Content" einzuordnen. Extra-Tipp: Im Idealfall ist eine H1 zwischen 20 und 70 Zeichen lang, was jedoch bei der deutschen Sprache und kreativen Überschriften oft schwierig sein kann.
- **Klare und kurze Sätze:** Auch wenn es vielen kreativen Content-Manager*innen schwerfallen sollte: Überwiegend kürzere und klare Sätze (im Gegensatz zu langen und umständlichen Schachtelsätzen) dienen am ehesten der Suchmaschinenoptimierung. Natürlich soll ein Text ansprechend und unterhaltsam geschrieben sein, jedoch werden lange Schachtelsätze, die über viele Zeilen gehen, von der Suchmaschine eher als unklar und kompliziert eingestuft. Umgekehrt können zu kurze Sätze aneinandergereiht und ohne schöne Übergänge das Lesevergnügen der Leserschaft eingrenzen. Es kommt wie so oft auf die Balance an.
- **Aktive Sätze/keine Substantivierungen:** „Nachdem das Café verlassen wurde, wurde sich auf den Weg Richtung Kino gemacht, um die Gestaltung des Abends fortzuführen" – obwohl der Satz an sich verständlich ist, ist er durch Passivformulierungen und Substantivierungen umständlich und unnötig in die Länge gezogen. Besser und SEO-freundlicher ist: „Sie verließen das Café und gingen Richtung Kino, um den schönen Abend gemütlich ausklingen zu lassen."
- **Verlinkungen und Ankertext:** Verlinkungen zu anderen Seiten oder Beiträgen einer Domain treiben den organischen Traffic einer Seite an bzw. können Verlinkungen zu wertvollen Quellen die Nutzwertigkeit des Contents erhöhen. Wichtig ist, dass es nicht zu viele Verlinkungen pro Text sind, sich diese natürlich über den Text verteilen (also zum Beispiel nicht fünf Verlinkungen in einem Absatz und im Rest des Textes gar keine mehr) und der Ankertext (also der Text, über den zu der anderen Seite verlinkt wird) logisch und verständlich zeigt, was der bzw. die Leser*in hinter diesem Link zu erwarten hat. Zudem sollten sich

Links aus SEO-Gründen immer in einem neuen Tab öffnen: Wenn ein*e Leser*in auf einen Link klickt und sich dieser nicht in einem neuen Fenster öffnet, man also in diesem Moment die aktuelle Seite verlässt, erhöht das die sogenannte Absprungrate (englisch: Bounce Rate) einer Seite. Eine Seite oder in diesem Fall ein Blogartikel wird umso besser bewertet, je höher die Verweildauer der Leser*innen auf dieser Seite ist. Eine hohe Bounce Rate verringert die Verweildauer auf der Seite, was in der Masse (zum Beispiel eben über Links, die sich nicht in neuen Fenstern öffnen) zu schlechteren Suchmaschinenbewertungen führen kann.

- **Call-to-Action:** Der sogenannte Call-to-Action (CTA) dient dazu, Leser*innen zu einem bestimmten Produkt oder zu einer bestimmten Dienstleistung auf einer Website zu führen, sei es ein kostenloses Beratungsgespräch oder auch der Download eines weiterführenden E-Books. Der Call-to-Action-Absatz am Ende eines Blogbeitrags sollte kurz und überzeugend formuliert sein – wie ein Pitch für das Produkt, das man bewirbt – und eine gute Brücke schlagen zwischen dem Inhalt des Blogbeitrags und dem beworbenen Produkt. Wichtig ist, dass ein CTA nur auf eine bestimmte Handlung des Lesers bzw. der Leser*in abzielt, nicht auf mehrere.
- **Textlänge:** Zum Thema Textlänge scheiden sich teilweise die kreativen Geister. Eine gute Richtlinie ist eine Textlänge zwischen 800 und 1200 Wörtern pro Blogbeitrag. Sollte ein Artikel ein wenig kürzer oder länger sein (zwischen 750 und 1500 Wörter) ist das für eine Suchmaschine aber auch zu verkraften, solange es sich in dem Artikel um interessante, relevante und nutzwertige Inhalte für die Leserschaft handelt.

Schritt 3: Zusatzinformationen und -elemente für die Suchmaschine
- **Title Tag & Meta Description:** Bei Title Tag und Meta Description handelt es sich um die Informationen, die Nutzer*innen in den SERPs angezeigt werden: Dabei ist der Title Tag die Überschrift einer Webseite, die anzeigt, was auf dieser Seite zu erwarten ist. Die Meta Description ist die Kurzbeschreibung unter dem Title Tag, die beschreibt, um was es in dem Content dahinter geht. Während ein Title Tag 55 bis 60 Zeichen lang sein darf, darf eine Meta Description eine Länge zwischen 155 und 160 Zeichen haben. Alles, was darüber hinausgeht, wird in den SERPs potenziell abgeschnitten bzw. nicht ganz angezeigt und ist potenziell schädlich im Rahmen der Suchmaschinenoptimierung. Zudem sollten beide sogenannten Meta-Tags mit einem entsprechenden Keyword versehen sein, das sich auch in dem Content dahinter befindet. Sowohl Title Tag als auch Meta Description lassen sich

über das genutzte Content-Management-System entsprechend einfügen, damit sie zusammen mit dem Blogartikel ausgespielt werden.
- **HTML-Code:** HTML steht für Hypertext Markup Language und ist eine Programmiersprache für die Strukturierung von Texten und anderen Inhalten. Mit HTML lässt sich ein Blogbeitrag entsprechend formatieren, so zum Beispiel Zwischenüberschriften (H1, H2, H3 usw.) oder auch Verlinkungen. Ob man einen Text vorher durch ein HMTL-Tool formatieren muss und dann in ein CMS kopiert oder aber den Text direkt in ein CMS kopiert und dort formatiert, hängt vom genutzten System ab. Sinnvoll kann es auf jeden Fall sein, einen HTML-Cleaner zu nutzen oder aber sogenannte Junk-Code-Elemente aus dem Code zu löschen, bevor man einen Text veröffentlicht. Auch dies trägt dazu bei, dass Suchmaschinen Content auf einer Website als hochwertig erachten.
- **Bilder optimieren:** Sollten Content-Manager*innen Bilder zu jedem Blogbeitrag veröffentlichen, gilt auch hier, sich an die wichtigsten SEO-Richtlinien zu halten. So spielen Bildgröße (zwecks Ladezeiten), Bildtitel und Bildbeschreibung (Alt-Tag) eine entscheidende Rolle. Mehr Informationen dazu finden Sie in Abschn. 4.1.
- **Autoreninformation:** Um die Autorität eines Blogbeitrags zu erhöhen, bieten sich kurze Autoreninformationen an, um der Suchmaschine zu signalisieren, dass es sich um Expertenwissen handelt und nicht um rein maschinell erstellten Content.
- **Inhaltsverzeichnis:** Sowohl Suchmaschinen als auch Menschen mögen Übersichtlichkeit und Struktur. Ein Inhaltsverzeichnis bietet sich demnach bei längeren Seiten oder Blogbeiträgen an, um eine logische Struktur zu signalisieren und die Benutzerfreundlichkeit zu erhöhen. Sprungmarken erhöhen die Nutzerfreundlichkeit nochmals, da Leser*innen schnell zur gewünschten Stelle gelangen.
- **URL-Struktur:** Eine URL ist immer prägnant, enthält ein Keyword, keine Umlaute und ist nicht zu lang. Dies gilt auch für Blogbeiträge (s. Abschn. 4.1).

Schritt 4: Plagiatscheck

Last but not least: Unabhängig davon, ob man einen Text komplett in Eigenregie oder in Zusammenarbeit mit einer KI erstellt hat, bietet es sich an, den finalen Blogbeitrag vor Veröffentlichung durch ein Plagiatstool prüfen zu lassen. Suchmaschinen mögen einzigartige Inhalte (Unique Content) und strafen kopierte Inhalte (Duplicate Content) durch schlechtere Bewertungen und Rankings ab. Bei der Masse an Inhalten im Internet kann es aber auch unabsichtlich passieren, dass sich Inhalte ähneln. Daher ist ein letzter Sicherheitscheck in diesem Rahmen ratsam.

5.4 Warum ist SEO eine langfristige Aufgabe?

Content-Manager*innen sehen sich häufig Fragen von Kolleg*innen außerhalb des eigenen Teams gegenüber wie: Wie läuft SEO? Wie sehen die Traffic-Zahlen aus? Haben wir schon viele Klicks? Wie performt der Content? Grundsätzlich sind dies berechtigte Fragen, ist es doch die Aufgabe von Content-Manager*innen, die Antworten auf diese Fragen zu kennen. Jedoch sollten sich die Fragesteller*innen bewusst sein: SEO ist nie „erledigt" oder „fertig", sondern eine langfristige Aufgabe und Suchmaschinen-Rankings somit immer nur eine Momentaufnahme. Wie bereits in vorherigen Kapiteln erwähnt, strebt jedes Unternehmen nach guten Ergebnissen in Suchmaschinen und arbeitet deshalb unaufhörlich an entsprechenden Content-Maßnahmen. Daher ist es möglich, dass der gründlich aufbereitete Blogartikel heute noch auf Platz 1 in der Suchmaschine steht, in ein paar Wochen könnte er aber abrutschen, weil ein Konkurrenzunternehmen die gleiche Idee hatte. SEO führt demnach zu keinen statischen Ergebnissen, sondern die SERPs in den Suchmaschinen sind durch den stetigen Wettbewerb sozusagen in Bewegung.

Um langfristig gut in einer Suchmaschine abzuschneiden, bedarf es daher regelmäßiger Content- und Performance-Analysen. Dies ist umso wichtiger, da sich der Algorithmus einer Suchmaschine ändern kann. Content-Manager*innen sind daher für ihren Job dazu angehalten, bezüglich SEO-Trends und Algorithmus-Updates auf dem Laufenden zu bleiben.

Ein weiterer Grund für eine langfristige SEO-Strategie: Nicht nur der Algorithmus ändert sich regelmäßig, sondern potenziell auch die Interessen und Suchanfragen der Leserschaft. Content sollte in erster Linie für diese geschrieben und gestaltet sein: Ändert sich der potenzielle Kunde bzw. die potenzielle Kundin, muss sich auch der Content verändern, der diese*n anziehen soll, inklusive der genutzten Keywords und Content-Vorlieben.

Transfer in die Praxis
- Analysieren Sie: Auf welche Ranking-Faktoren haben Sie bisher Ihren Fokus gelegt? Welche haben Sie eher vernachlässigt? Erstellen Sie zudem eine Checkliste, welche SEO-Maßnahmen noch in Ihrem Unternehmen umgesetzt werden müssen und wie das gelingen kann.
- Schauen Sie in Ihr Unternehmen: Was wissen die Kolleg*innen aus anderen Abteilungen über SEO? Höchstwahrscheinlich wird dies eher oberflächliches Wissen sein, da SEO ein sehr spezielles Thema ist. Trotz allem ist es wichtig, dass das ganze Unternehmen die Funktionsweise und Relevanz von SEO für unternehmerischen Erfolg versteht. Lohnt sich vielleicht eine einführende Präsentation zum Thema im nächsten Quartalsmeeting?

Literatur

Statista. (2022). *Anteil der Nutzer des Internets nach Endgeräten in Deutschland im Jahr 2022.* https://de.statista.com/statistik/daten/studie/1303678/umfrage/internetnutzung-in-deutschland-nach-endgeraeten/. Zugegriffen am 11.06.2024.

Stilistische Tipps für Content-Manager*innen 6

Zusammenfassung

Welche Tonalität ist die richtige für eine bestimmte Zielgruppe? Wer entscheidet über die Nutzung inklusiver Sprache in einem Unternehmen und was gibt es aus Sicht des Content-Managements zu berücksichtigen? Welche Rolle spielen Geschichten und Erzählungen im Marketing und wie kommt dies zum Einsatz? In diesem Kapitel geht es um stilistische Tipps im Rahmen von Content-Management mit Fokus auf Sprachstil, inklusive Sprache und Storytelling.

Was Sie aus diesem Kapitel mitnehmen
- Wie sich die Tonalität von der Zielgruppe ableitet
- Gründe, die für oder gegen die Nutzung von inklusiver Sprache sprechen
- Wege, um inklusive Sprache und SEO erfolgreich zu kombinieren
- Definition, Zweck und Ziel von Storytelling

Sprachgefühl und Sprachaffinität sind zwei wichtige Voraussetzungen für den Job als Content-Manager*in. Doch erfolgreicher Content muss mehr hergeben, als schön geschrieben zu sein. In den folgenden Abschnitten soll es daher um drei wichtige Faktoren im Bereich des Sprachlichen gehen, die im Content-Management relevant sind: um den Sprachstil bzw. die Tonalität, die Nutzung von inklusiver Sprache und die Methode des Storytellings.

6.1 Wie leitet sich der Sprachstil aus der Zielgruppe ab?

Möchte man mit dem Content Geschäftsführende ansprechen, Vertriebler*innen, Marketing-Manager*innen, Praktikant*innen oder IT-Fachkräfte? Je nachdem, wer die Zielgruppe oder Buyer Persona ist, sollte sich auch die Tonalität und der Sprachstil des Contents ändern, mit dem man diese Personen erreichen möchte. Dabei kommt es nicht nur darauf an, wen man erreichen, sondern auch, welche Botschaft man senden und was man bei den Empfänger*innen auslösen möchte. Hat man den Wunsch, sachlich aufzuklären, wie in einer Pressemeldung? Dann ist auch der sachliche Tonfall hier angebracht. Möchte man hingegen einen Interessenten von einem Produkt, wie zum Beispiel einer Reise, überzeugen und zum Buchen anregen? Dann geht es darum, in diesem die Sehnsucht nach einer Reise zu wecken, und man sollte folglich eine emotionalere Sprache anwenden, die die entsprechenden Gefühle bei der Zielgruppe auslöst. Trifft man die Schmerzpunkte einer Zielperson durch Witz und Ironie? Oder aber durch Mitgefühl und Empathie? Dies lässt sich aus der Zielgruppenanalyse ableiten, die eine Analyse für die notwendige Tonalität eines Contents nach sich zieht.

6.2 Wie wichtig ist inklusive Sprache?

Es geht bei inklusiver Sprache darum, niemanden durch Sprache zu diskriminieren. Sie zielt also nicht nur auf das Thema Geschlecht ab, sondern je nachdem auch auf Faktoren wie zum Beispiel Alter, Nationalität und Gesundheit. Während die einen inklusive Sprache verteidigen und nutzen, ignorieren oder verteufeln andere sie und sehen darin eine unnötige sprachliche Verkomplizierung. In Bezug auf inklusive Sprache gibt es genau genommen weder richtig noch falsch. Ob sie notwendig ist oder nicht, ist im Grunde eine Glaubensfrage, die jede*r für sich beantworten muss. Da dieses Thema Sprache und vor allem die Kommunikation eines Unternehmens in hohem Maße beeinflusst, kommen Content-Manager*innen nicht daran vorbei. Für sie stellt sich die Frage (ob nun im Team für ein Unternehmen oder jedes Mal erneut für Kund*innen), ob inklusive Sprache im zu erstellenden Content genutzt werden soll oder nicht. Dieses Thema ist zu komplex und facettenreich, als dass es hier in der Tiefe behandelt werden könnte. Trotzdem wird hier oberflächlich aufgezeigt, was Content-Manager*innen bei diesem Thema beachten sollten. Fragen, die sich Content-Manager*innen hier zum Beispiel stellen sollten, sind:

- Wie wichtig ist inklusive Sprache dem Unternehmen, für das ich schreibe? Dies können Content-Manager*innen selten allein klären, sondern müssen hierzu die Geschäftsleitung bzw. die entsprechenden verantwortlichen Ansprechpart-

6.2 Wie wichtig ist inklusive Sprache?

ner*innen hinzuziehen. Am Ende ist es nämlich auch eine Frage von Werten, die hier widergespiegelt werden und Rückschlüsse auf eine Unternehmenskultur oder auch Unternehmensphilosophie geben (können).

- Wie wichtig ist das Thema für die Branche, für die ich schreibe? Auch dies muss ein Unternehmen grundsätzlich klären und festlegen, dies können Content-Manager*innen also nicht allein entscheiden. Content-Manager*innen können aber Anregungen geben, in welchen Fällen inklusive Sprache relevant sein könnte, wie zum Beispiel im Bereich der Personalsuche.
- Wie wichtig ist das Thema für die Zielgruppe, die ich erreichen möchte? Beeinflusst das deren Entscheidungen, zum Beispiel, ob sie in ein Unternehmen passen und sich auf eine Stelle bewerben?
- Wenn inklusive Sprache genutzt wird, in welcher Form? Durch Gender-Sternchen, Beidnennung oder zum Beispiel neutrale Formulierungen?
- Im Bereich Personalsuche: Führen gewisse Formulierungen auf der Karriereseite oder in Stellenanzeigen dazu, dass sich Personen ausgeschlossen fühlen könnten in Bezug auf Alter, Nationalität oder Gesundheit (zum Beispiel „junges, dynamisches Team", „Muttersprache: Deutsch" oder „unser Büro im 5. Stock". Bei Letzterem sollte die Information ergänzt werden, ob es Fahrstühle gibt und der Zugang barrierefrei ist)?

▶ **Hinweis** Mittlerweile gibt es je nach Bundesland Gesetze, die inklusive Sprache in bestimmten Kontexten verbieten oder einschränken. Dies betrifft vor allem den öffentlichen Sektor.

6.2.1 Welche Gründe sprechen für die Nutzung von inklusiver Sprache? Welche dagegen?

Ob und in welchem Ausmaß man inklusive Sprache nutzt, ist eine individuelle Entscheidung für jedes Unternehmen. Im Folgenden werden Gründe für inklusive Sprache aufgelistet, aber auch Herausforderungen für Content-Manager*innen dargestellt. Dies ist natürlich wieder nur ein Einstieg in die Thematik und soll erste Anhaltspunkte geben (s. auch Landeszentrale für politische Bildung Baden-Württemberg, 2024).

- **Pro: Niemand fühlt sich ausgeschlossen** – Für inklusive Sprache spricht, dass man damit jedes soziale Geschlecht anspricht, aber auch grundsätzlich Diversität vermittelt – denn bei inklusiver Sprache geht es nicht nur darum, unterschiedliche Geschlechter anzusprechen, sondern zum Beispiel auch unterschiedliche Altersgruppen und Ethnizitäten. Den Kreis der angesprochenen Zielpersonen kann man somit erweitern.

- **Pro: Motivation wecken für Berufswahl** – Studien haben gezeigt, dass Kinder Berufe, die traditionell eher als Männerberufe angesehen werden, als weniger schwierig einschätzen, wenn diese sprachlich nicht nur das männliche Geschlecht fokussieren, also zum Beispiel von „Ingenieuren und Ingenieurinnen" die Rede ist (Studie von Vervecken & Hannover, 2015). Daraus lässt sich schließen, dass sich Mädchen eher in traditionelle Männerberufe trauen, sofern sie gezielt angesprochen werden. Inklusive Sprachen kann demnach die Berufswahl von jungen Menschen beeinflussen. Dies ist vor allem im Bereich HR-Content relevant.
- **Challenge: Balance aus Lesbarkeit und inklusiver Sprache** – *Der Schüler bzw. die Schülerin hat seine/ihre Aufgaben im Test gut bewältigt, unabhängig davon, ob er/sie an diesem Tag seine/ihre Hausaufgaben vorab gemacht hatte.* An diesem Beispiel sieht man, dass inklusive Sprache die Lesbarkeit oder Leserfreundlichkeit eines Textes leider auch beeinträchtigen kann. Content-Manager*innen, die inklusive Sprache in ihrer Arbeit anwenden sollen und wollen, haben daher die Aufgabe, eine Balance aus inklusiver Sprache und Leserlichkeit zu finden, um Leser*innen „bei der Stange zu halten".
- **Challenge: Balance aus Grammatik, SEO und inklusiver Sprache** – Es kann mitunter schwierig sein, inklusive Sprache mit korrekter Grammatik, heutzutage notwendiger Suchmaschinenoptimierung *und* Lesbarkeit zu vereinbaren. Oft muss ein Unternehmen gemeinsam mit dem Marketing oder Content-Manager*innen Prioritäten festlegen. Ein genaueres Beispiel liefert Abschn. 6.2.2.

6.2.2 Können SEO und inklusive Sprache zusammen funktionieren?

Suchmaschinenoptimierung und inklusive Sprache schließen sich nicht gegenseitig aus, gehen aber auch nicht immer Hand in Hand. Am Ende muss jedes Unternehmen seine Priorität individuell festlegen. Doch Fakt ist, dass inklusive Sprache die Suchmaschinenoptimierung in Einzelfällen auch beeinträchtigen kann. So zum Beispiel, wenn ein wichtiges Keyword ein Begriff ist, den man eigentlich gendern müsste, damit aber den Sinn und Zweck des Keywords auflösen würde. Sollte das Keyword zum Beispiel „Branchenexperte finden" sein, kann es demnach hinderlich sein, wenn man aus Gründen der inklusiven Sprache „Branchenexpert*innen finden" macht. Hier muss sich ein Unternehmen also entscheiden, was ihm wichtiger ist: das Keyword oder das Gendern. Auch sollten Content-Manager*innen immer auf dem neusten Stand bleiben, wie Suchmaschinen die Sonderzeichen bewerten, die man zum Gendern nutzt, wie zum Beispiel den Doppelpunkt, den

Schrägstrich oder das Gender-Sternchen. Liest der Algorithmus einfach drüber oder wertet er Sonderzeichen als negativ im Fließtext? Es können sich auf einer Website also diverse Fallstricke ergeben, sodass das Thema SEO vs. inklusive Sprache definitiv eine Strategie erfordert.

6.2.3 Sollte inklusive Sprache ein Teil des stilistischen Leitfadens sein?

Sollte ein Unternehmen sich dazu entscheiden, inklusive Sprache in der Kommunikation (ob nun intern oder extern) anzuwenden, ist es auf jeden Fall die Aufgabe von Content-Manager*innen, die entsprechenden Anwendungsregeln in einem stilistischen Leitfaden festzuhalten. Hierbei geht es zum einen um Einheitlichkeit, denn sowohl alle internen Kollegen und Kolleginnen als auch zum Beispiel freiberufliche Texter*innen, mit denen man arbeitet, sollten inklusive Sprache einheitlich anwenden. Dabei sind unter anderem folgende Punkte festzulegen:

- Gendern wir? Und wenn ja, wie? Mit Gender-Sternchen, Binnen-I, Doppelpunkt oder Schrägstrich?
- Nutzen wir überwiegend neutrale Begriffe, um das Gendern zu „umgehen"?
- Wann und wo gendern wir? Nur in der externen Kommunikation oder auch intern? In allen Content-Formaten? Nur bei bestimmten Anlässen oder immer?
- Wie handhaben wir die Fallstricke bei inklusiver Sprache und Grammatik sowie SEO (s. auch Abschn. 6.2.2)?

Exkurs: Barrierefreie Website
Eine Website ist barrierefrei, wenn auch Menschen diese leicht konsumieren können, die zum Beispiel beim Sehen, Lesen oder Hören beeinträchtigt sind. Viele Maßnahmen, die Content-Manager*innen im Rahmen der Suchmaschinenoptimierung verfolgen müssen, dienen auch der Barrierefreiheit von Webseiten. Dazu zählen unter anderem:

- Das Erstellen von Alt-Texten für Bilder
- Auffällige Call-to-Actions, nicht zu kleine Buttons
- Zwischenüberschriften und kurze Absätze bzw. Sätze
- Klare und prägnante Sprache
- Einfache Navigationsstruktur, nicht zu viele Navigationsebenen
- Einfache und schnelle Interaktionsmöglichkeiten
- Einbettung von Meta-Daten wie Title Tag und Meta Description

Weitere Maßnahmen für eine barrierefreie Website sind unter anderem:
- Ein deutlicher Kontrast zwischen Hintergrund und Text bzw. zwischen unterschiedlichen Elementen auf einer Seite
- Klare und leserliche Schriftart
- Deutliche Navigationselemente
- Untertitel in Videos

6.3 Wozu brauchen Content-Manager*innen Storytelling?

Als Content-Manager*in hat man die Aufgabe, Inhalte zu erstellen, die sich von der Masse abheben – die begeistern, Aufmerksamkeit erregen und anziehen. In Zeiten, in denen die Aufmerksamkeitsspanne von Menschen immer kürzer wird (vgl. Studie von Lorenz-Spreen et al., 2019) und die Menge an (digitalem) Content immer weiter zunimmt, ist dies keine leichte Aufgabe. Eine Methode, diese Ziele dennoch zu erreichen, ist Storytelling. Sie wird in PR und Werbung, aber auch zum Beispiel in der Pädagogik eingesetzt. Beim Storytelling geht es darum, Informationen innerhalb einer Erzählung – oder eben Geschichte – zu präsentieren und dabei eine bestimmte Botschaft zu vermitteln. Diese Methode hat hohe Erfolgschancen, weil Menschen sich Informationen innerhalb von Geschichten besser merken können als rohe Fakten ohne Kontext. Grund dafür ist, dass Menschen sich eher an Inhalte erinnern, die in ihnen Emotionen geweckt haben (Götz, 2011, S. 48). Eine Geschichte, die die Gefühle der Leserschaft weckt und somit eine Verbindung herstellt, bleibt daher gut im Gedächtnis und bietet sich als Kommunikationsmittel an – auch und vor allem im Content-Management. So eignet sich Storytelling vor allem auch sehr gut bei komplexen Inhalten, wie zum Beispiel bei IT-Themen. Ob nun Fachartikel, Videoclip, Radiospot, Social Media, Case Study oder Werbespot: Storytelling ist ein kreatives und hilfreiches Instrument im Content-Marketing. Beispiele für Storytelling sind:

- **Unternehmensgeschichte:** Die Historie eines Unternehmens lässt sich sowohl schriftlich als auch visuell (zum Beispiel in einem Video) als Geschichte aufbereiten. Dabei lassen sich auch Unternehmenskultur, -vision und -werte widerspiegeln, die interessant für Kund*innen und zukünftige Mitarbeiter*innen sind.
- **Case Study zu einem Produkt:** Was wäre ansprechender: Die simple Auflistung der Funktionen und Vorteile eines Produkts? Oder der authentische Anwenderbericht mit einem echten Kunden, der das Produkt bereits nutzt und für sich als ideale Lösung gefunden hat? Informationen vermitteln beide Varianten, eine echte Verbindung zum Leser bzw. zur Leserin stellt allerdings nur die zweite Variante her.

6.3 Wozu brauchen Content-Manager*innen Storytelling?

- **Produktshop:** Auch hier gibt es die Möglichkeit, nur die rohen Daten zu einem Produkt zu präsentieren oder aber eine Geschichte darum zu bauen. Ist es ansprechender, wenn man einfach nur Größe, Gewicht und Material eines Grills erfährt? Oder wenn einem auch aufgezeigt wird, wie schön es im Sommer wird, die ganze Familie bei einem Grillabend kulinarisch zu versorgen?

In einer Geschichte gibt es zumeist die folgenden Komponenten: einen Helden bzw. eine Heldin, ein Ziel, einen Konflikt und eine Lösung. Im Rahmen eines Anwenderberichts bzw. Referenzprojekts für ein Unternehmen entspräche dies einem Kunden oder einer Kundin (Held*in), einer Herausforderung für diese*n Kund*in (Ziel und Konflikt) sowie der Bewältigung dieser Herausforderung durch ein Produkt oder eine Dienstleistung (Lösung). Die Geschichte muss dabei einfach, ansprechend und emotional für die Zielgruppe aufbereitet sein, um diese auch wirklich zu aktivieren und zu begeistern. Die Zielgruppe versetzt sich in die Lage des Helden bzw. der Heldin, fühlt und fiebert mit und erfreut sich am Ende an der Lösung, die sie nun auch möchte.

Auszug aus einem Blogbeitrag zum Thema Storytelling aus dem Jahr 2018
Beim Wort „Geschichte" denken die meisten an Märchen. Die Märchen, die wir als Kinder gehört und nachgespielt haben. Die uns begleitet und begeistert haben. Sie regten unsere Fantasie und Kreativität an. Sie machten uns mit Werten und Tugenden vertraut. Wir alle erinnern uns auch heute noch an diese Geschichten. Wieso? Weil sie damals etwas in uns ausgelöst haben. Weil wir uns damals mit ihnen identifiziert haben. Egal, wie alt wir sind: Wir alle lieben Geschichten. Und sie verlieren nie ihre Wirkung. Was genau sehen wir uns denn an, wenn wir einem Film oder einer Serie folgen? Überall stecken Geschichten, die etwas mit uns machen. Auch wenn wir es nicht unbedingt merken. Warum sollten wir also Geschichten aus unserem Leben verbannen, nur weil wir das Kinderzimmer verlassen haben?

Content, Content, Content
Schon bevor wir überhaupt die ersten E-Mails am Morgen prüfen, scannen wir die Headlines auf unserer News-App oder in Social Media. Während der Arbeit recherchieren wir für ein Kundenprojekt, durchforsten zahlreiche Online-Plattformen und schauen auch zwischendurch bestimmt wieder mal in den sozialen Medien vorbei. Was wir täglich an Inhalten konsumieren, merken wir gar nicht mehr. Doch was wir uns genauer ansehen, picken wir uns – mal bewusst und mal unbewusst – sehr gezielt heraus. Beim Fachartikel ist es vielleicht die besonders eingängige Überschrift, die uns den entsprechenden Klick weiterführt. Bei den E-Mails der messerscharfe Betreff und auf LinkedIn der zutreffende Einleitungssatz eines Posts. Bis wir uns heutzutage länger einem Text widmen, muss er schon etwas hergeben. Das Thema muss uns nicht einfach nur interessieren, sondern es muss uns direkt in den ersten Sekunden neugierig machen, vielleicht stutzig oder skeptisch, auf jeden Fall aber persönlich ansprechen. Sonst scrollen wir sowieso weiter.

Story. Emotion. Gedächtnis
Was hat das jetzt alles mit Geschichten zu tun? Wie anfangs erwähnt: Stories lösen etwas in uns aus. Sie wecken Emotionen. Und diese Emotionen sorgen dafür, dass sich die Informationen

aus eben dieser Geschichte langfristig in unserem Gedächtnis verankern. Nicht umsonst lernt man als Pädagog*in unter anderem, was es mit der Emotionspsychologie auf sich hat und wie sich Gefühle im Unterricht auf Motivation und Lernleistung auswirken. Und dieser Wirkung kann man sich durchaus auch bei Texten und in Public Relations und Marketing bedienen.

Eine Geschichte mit Zielen

Storytelling zielt auf nichts anderes ab, als eben beschrieben: Um mit einem Text hervorzustechen, gilt es, bei der Zielgruppe Emotionen zu wecken – wir wollen schließlich deren Aufmerksamkeit für unsere Botschaften. Damit diese emotionalisierende Wirkung tatsächlich eintritt, muss man sich fragen: Was will meine Zielgruppe überhaupt? Was ist deren Herausforderung? Was sollte ich also mit meinem Text vermitteln? Und wie? Storytelling gelingt am Ende nur, wenn ihm eine fundierte Analyse der Zielgruppe und der Kommunikationsziele vorausgeht.

Eine PR-Methode mit Held*in

Die Story baut man anschließend so auf, wie man es schon aus der Kindheit kennt: Es gibt einen Protagonisten oder eine Protagonistin mit einem Motiv. Es findet ein spezielles Ereignis statt, das zum Konflikt führt. Und am Schluss präsentiert der Content eine Lösung. Ende gut. Alles gut. Die Geschichte sollte nicht sonderlich komplex sein, sondern vor allem kreativ und beispielhaft. Wichtig ist der zielgruppengerechte Einstieg – Rezipient*innen sollen schließlich am Ball bleiben – sowie die Darstellung einer Herausforderung, die der Zielgruppe bevorsteht. Je mehr sie sich in der Story wiederfinden, umso besser. Je stärker sie sich angesprochen und verstanden fühlen, umso aufmerksamer und interessierter werden sie. Wer möchte schließlich keine spielerische Problemlösung im Arbeitsalltag? Der Vorteil von Storytelling: Es ist themen-, kanal- und medienunabhängig.

Viel zu kindisch? Mitnichten!

Wer sich durch das Wort „Geschichten" immer noch irritieren lässt, dem seien ein paar Beispiele genannt: Warum nicht einen Kunden in den Fokus stellen, der die Vorteile eines Produkts entdeckt, die sein Leben einfacher machen? Warum nicht die Perspektive eines Azubis einnehmen, um das umfangreiche Ausbildungsprogramm des Unternehmens vorzustellen? Oder auch die einer Geschäftsführerin, der klar wird, wie die Einführung neuer Arbeitsmethoden zu mehr Effizienz führt? Die Möglichkeiten von Storytelling sind im Grunde unbegrenzt.

Transfer in die Praxis

- Diskutieren Sie im Team: Inwiefern nutzen wir bereits inklusive Sprache und wenn nicht, ist es sinnvoll, diese einzuführen? Wenn ja, wann und wie? In welcher Form? Erstellen Sie einen Leitfaden, der das gesamte Kollegium nutzen kann. Wenn Sie sich aus für Sie guten Gründen gegen die Nutzung inklusiver Sprache entscheiden, sollten Sie auch dies intern kommunizieren und konsistent bleiben.

- Werden Sie kreativ: Welche Geschichten hat Ihr Unternehmen zu erzählen? Welche lehrreiche Geschichte könnte sich hinter einem neuen Produkt verstecken? Versetzen Sie sich in Ihre*n Traumkund*in und spielen Sie einmal für sich durch, wie eine motivierende und anregende Geschichte für diese*n aussehen könnte. Und überlegen Sie, in welchen Formaten und auf welchen Kanälen sich diese Story umsetzen lässt.

Literatur

Götz, T. (Hrsg.). (2011). *Emotion, Motivation und selbstreguliertes Lernen*. Ferdinand Schöningh.
Landeszentrale für politische Bildung Baden-Württemberg. (2024). *Gendern: Ein Pro und Contra. Was für die gendergerechte Sprache spricht – und was dagegen. Ein Pro und Contra*. https://www.lpb-bw.de/gendern. Zugegriffen am 11.06.2024.
Lorenz-Spreen, P., Mønsted Mørch, B., Hövel, P., & Lehmann, S. (2019). *Accelerating dynamics of collective attention*. Nature Communications. https://www.nature.com/articles/s41467-019-09311-w. Zugegriffen am 11.06.2024.
Vervecken, D., & Hannover, B. (2015). *Yes I Can! Effects of gender fair job descriptions on children's perceptions of job status, job difficulty, and vocational self-efficacy*. Hogrefe eContent. https://econtent.hogrefe.com/doi/abs/10.1027/1864-9335/a000229?journalCode=zsp. Zugegriffen am 10.05.2024.

Von der Idee bis zum finalen Content Piece 7

Zusammenfassung

Dieses Kapitel präsentiert eine Schritt-für-Schritt-Anleitung für die Erstellung von schriftlichem Content. Dabei wird jede Phase kurz zusammengefasst – von der Ideenfindung über die Konzeption und Erstellung bis hin zu Plagiatscheck und Analyse. In diesem Kapitel geht es also nicht um eine umfassende Content-Strategie, sondern setzt den Fokus auf ein einzelnes Content Piece.

Was Sie aus diesem Kapitel mitnehmen
- Schritt-für-Schritt-Anleitung für die Erstellung eines einzelnen Content-Formats
- Tipps für jede Phase der Content-Erstellung – von der Ideenfindung bis zur Analyse

Während sich das Kapitel zur Content-Strategie darauf fokussierte, ein kanalübergreifendes und langfristiges Konzept für die Erstellung von Content aufzustellen, wird dieses Kapitel davon handeln, wie man ein einzelnes Content Piece beginnt und umsetzt. Die Aufstellung einer Content-Strategie beinhaltet bereits einen Großteil der Vorarbeit, die man für die Erstellung eines einzelnen Content Pieces benötigt. Trotzdem befassen sich die folgenden Abschnitte hier noch einmal mit allen Schritten, die für die Erstellung eines speziellen Content Pieces notwendig sind. Dies ist vor allem für Content-Manager*innen interessant, die freiberuflich für mehrere Kund*innen arbeiten und eventuell nicht an der Aufstellung der übergreifenden Strategie beteiligt sind, also an einem anderen Punkt ansetzen.

Für dieses Kapitel gehen wir von folgendem einfachen Beispiel aus: Ein Logistik-Software-Unternehmen bittet eine*n Content-Manager*in darum, einen Blogbeitrag über ihr Produkt zu erstellen, der die entsprechende Zielgruppe anspricht. Wie geht man als Content-Manager*in nun vor, um einen solchen fundierten Beitrag zu erstellen?

Brainstorming und Ideenfindung
Welche Themen für die Content-Erstellung von Bedeutung sind, lässt sich meist aus der Content-Strategie oder aus dem Content-Plan ablesen, sofern ein solcher aufgestellt wurde. Hier müssen Content-Manager*innen also für gewöhnlich nicht bei null anfangen. Auch die Ergebnisse eines Content-Mappings oder Content-Audits in Verbindung mit der Keyword-Recherche zeigen bereits auf, welche Themen relevant sind. Sollte diese Vorarbeit nicht geleistet sein, sollten Content-Manager*innen im Hinblick auf unser Logistik-Beispiel bei den folgenden Fragen ansetzen:

- Welche Themenaspekte für die Logistik sind bereits abgedeckt? Hat das Unternehmen schon etwas veröffentlicht? Welche Themenaspekte sind noch offen und bieten sich besonders an? Falls es schon Content zum Thema „Effizienzsteigerung durch Logistik-Software" gibt, wäre vielleicht ein Beitrag zum Thema „Gesteigerte Nachhaltigkeit durch effiziente Logistik-Prozesse" eine Idee? Für die Ideenfindung sollte man immer wieder einen Blick auf die Zielgruppe werfen und, falls möglich, eng mit dem Vertrieb arbeiten.
- Welche Keywords wären sinnvoll? Welche haben ein hohes Suchvolumen? Welche Themenaspekte ergeben sich daraus (s. auch nächster Abschnitt „Keyword-Recherche")?
- Welche Trendthemen sind in der Branche aktuell im Umlauf? Welche Themenaspekte sind dabei besonders wichtig? Hier könnte man ebenfalls bei entsprechenden Input-Geber*innen nachfragen, wie zum Beispiel Kund*innen oder Kolleg*innen aus den Fachabteilungen.

Eine Mischung aus gezielter Themenrecherche, Keyword-Recherche, Mindmapping oder auch Nutzung von KI hilft dabei, die thematische Richtung eines Content Pieces festzulegen.

Keyword-Recherche
Sofern dies noch nicht geschehen ist, sollte der Erstellung eines Content Pieces eine gründliche Keyword-Recherche vorausgehen. Wonach genau sucht die Logistik-Zielgruppe bei einem bestimmten Thema? Wie suchen sie danach? Mit welcher Formulierung? Wer die passenden Lösungen auf die Fragen der Ziel-

gruppe geben möchte, muss wissen, wie sie danach fragt. Für das Thema „Software für Logistik" wären dies zum Beispiel Keywords wie „Software Logistik", „Logistik Software", „Lagerlogistik Software", „Spedition Software", „Software für Transportunternehmen" oder auch „Logistik Management Software".

Für die Keyword-Recherche gibt es sowohl kostenlose als auch kostenpflichtige SEO-Tools (s. „Praktische Tools für professionelles Content-Management" in Kap. 12). Ob sich eine kostenlose Option anbietet oder ob es ein kostenpflichtiges Modell sein muss, muss jedes Content-Marketing-Team individuell und nach Bedarf entscheiden. Da Content-Marketing und Content-Management jedoch langfristige Aufgaben sind, denen eine fundierte Datenlage zugrunde liegen sollte, ist ein kostenpflichtiges Tool mit umfangreicheren Funktionen meist empfehlenswerter. Wichtig ist für Content-Manager*innen zu wissen, wie hoch das Suchvolumen eines Keywords ist, und dies auch regelmäßig zu tracken, um Content anpassen zu können, falls notwendig. Artikel auf einer Webseite sind im Idealfall nicht nur mit einem einzigen Keyword besetzt, sondern beinhalten sowohl Primary Keywords als auch Secondary Keywords. Wie man Keywords in einem Beitrag auf einer Webseite einsetzt, ist beispielhaft in Abschn. 5.3 dargestellt.

Konzept erstellen

Das Konzept eines Textes ergibt sich meistens aus der vorangegangenen Keyword-Recherche. Die Keywords, die wichtig für ein Thema sind, bilden meistens auch die Themenaspekte, die in einem Content Piece zu finden sein sollten. Zum Thema Software für Logistik könnten das zum Beispiel sein „Funktion einer Logistik-Software", „Vorteile einer Logistik-Software" oder „Implementierung einer Logistik-Software", je nachdem, was eine Keyword-Recherche zum aktuellen Zeitpunkt preisgibt. Aus der Recherche leitet sich somit oft die (zumindest grobe) Struktur eines Textes ab. Für weitere Inspiration bezüglich Struktur und Themenaspekten besteht immer noch die Möglichkeit, KI-Tools wie ChatGPT zu befragen, um eventuelle inhaltliche Lücken zu schließen oder den Text mit spezielleren Informationen zu füttern.

Briefing schreiben

Sollten es nicht Content-Manager*innen selbst oder KI-Tools sein, die am Ende den Text ausformulieren, wird man spätestens an diesem Punkt ein Briefing für den verantwortlichen Texter bzw. die verantwortliche Texterin erstellen müssen. In diesem Briefing sollten definitiv Thema, Zielgruppe, einzelne Themenaspekte, einzusetzende Keywords sowie gewünschte Textlänge, Tonalität und Frist enthalten sein. Der Rest ergibt sich zumeist aus der kreativen Freiheit des Texters bzw. der Texterin, die man diesen auch gewähren sollte.

Das Schreiben
Das Schreiben – mit dem Texter*innen und auch Content-Manager*innen überwiegend verbunden werden – macht tatsächlich *nicht* den größten Teil von deren Arbeit aus. Ist die entsprechende Vorarbeit für ein Content Piece geleistet – durch gründliche Themenrecherche, Keyword-Recherche, Informationssammlung und Konzeption – ist das Schreiben zumeist verhältnismäßig schnell erledigt. Je geübter Content-Manager*innen darin sind, umso schneller gelingt dieser Schritt – zumal heutzutage KI-Tools oft eine erste Textbasis liefern können, die von Content-Manager*innen anschließend angepasst und überarbeitet wird. Und sollte man sich nach der Erstellung der ersten Textversion noch unsicher über deren Qualität sein: Besser eine Nacht liegen lassen und mit frischem Geist noch einmal am nächsten Tag lesen.

▶ **Hinweis** Auch wenn es bezüglich dieses Themas unterschiedliche Ansichten gibt: Die Aussage, dass Künstliche Intelligenz heutzutage einen Text ohnehin direkt perfekt schreibt und Content-Manager*innen nicht mehr viel nacharbeiten müssen, ist mit Vorsicht zu genießen. Künstliche Intelligenz ist eine zeitsparende Unterstützung, wenn es um Recherche und Konzipierung geht. Doch einen von KI erstellten Text ohne anschließende Prüfung einfach so zu übernehmen, ist riskant und wird voraussichtlich nicht den gewünschten Effekt erzielen – zumindest nicht langfristig (s. Kap. 8). Zum einen benötigt ein KI-Text einen Fakten-, Grammatik- und Formulierungscheck. Zum anderen sollte jedes Unternehmen eine eigene Tonalität haben und seine Visionen und Werte in Texten widerspiegeln. Damit sich dies in Content wiederfindet, bedarf es nach wie vor Content-Manager*innen, die dies in den Content einpflegen. Man stelle sich vor, jeder würde nur noch die von KI-erstellten Texte nutzen – das Angebot im Internet würde vermutlich in hohem Maße an Individualität und Authentizität verlieren. Zumal beides wichtige Faktoren für ein gutes SEO-Ranking sind. Schreiben ist und bleibt ein Handwerk, das heutzutage durch technische Vorgaben wie SEO immer komplexer wird. Die menschliche Sicht sowie das Talent eines Menschen sind hier nach wie vor von großer Bedeutung.

Korrekturschleifen, Plagiatscheck und Freigabe
Ist die Erstversion eines Textes erst einmal erstellt, folgen die Korrekturschleifen mit den Input-Geber*innen bzw. mit den Texter*innen. Bei beiden ist Fingerspitzengefühl gefragt.

- **Input-Geber*innen:** Bei den Input-Geber*innen sollte man sich immer fragen, wie erfahren sie mit dem Thema Content-Erstellung sind. Personen aus einem speziellen Fachbereich kennen zwar meist die wichtigen Fakten zu ihrem Thema und stellen somit jede Menge Expertenwissen bereit, jedoch sind diese nicht zwangsläufig damit vertraut, wie man diese Informationen richtig „verpackt" und für die Zielgruppe aufbereitet. Warum man als Content-Manager*in ein Thema auf die ein oder andere Art in einem Text aufbereitet hat, kann je nach Projekt und Input-Geber*in also mehr Erklärungen diesen gegenüber erfordern. Ein klassisches Beispiel ist, wenn Input-Geber*innen eine Pressemeldung nicht überzeugend – also in ihrem Sinne werblich genug – finden. Dabei ist dieses Content-Format nicht dafür gedacht, werblich zu sein. Diesen schmalen Grat gilt es als Content-Manager*innen während der Korrekturschleife und eventuellen Meinungsverschiedenheiten zu erläutern und warum manche Korrekturwünsche nicht empfehlenswert sind. Sollte es sich bei dem Input-Geber bzw. der Input-Geberin um einen Kunden oder eine Kundin handeln, hat diese*r am Ende natürlich das letzte Wort. Doch die Erläuterung und Aufklärung über Ziele des erstellten Contents sollten als Zwischenschritte nicht wegfallen.

▶ **Tipps** Personen, die selten in Schreibprogrammen arbeiten, ist der Änderungsmodus oder die Kommentarfunktion nicht immer bekannt. Daher kann es hilfreich sein, auf diese Funktionen aufmerksam zu machen. Weiterhin ist zu empfehlen, nicht zu viele Input-Geber*innen auszuwählen, denn wie bekanntlich viele Köche den Brei verderben, so können auch viele Input-Geber*innen oder Korrekturleser*innen die Content-Erstellung verkomplizieren.

- **Texter*innen:** Bei der Korrekturschleife mit Texter*innen ist darauf zu achten, dass eine Korrekturschleife auch tatsächlich eine Korrekturschleife bleibt: Es geht nicht darum, einen Text komplett nach dem eigenen Stil umzuschreiben. Es geht vielmehr darum, Grammatik, Rechtschreibung und die Einhaltung von SEO-Richtlinien zu prüfen sowie hier und da Rückfragen zu stellen, wo etwas unklar ist, oder Tipps zu geben. Grundsätzlich soll am Ende ein interessanter, ansprechend verfasster und inhaltlich korrekter Text stehen – dafür lässt sich der Schreibstil des jeweiligen Texters oder der jeweiligen Texterin beibehalten. Empfehlenswert ist hier, für die Nachvollziehbarkeit der Korrekturen jede Textversion zu speichern – vor allem, wenn es zu mehr als einer Korrekturschleife kommt. Fehler und Korrekturen sollten auch beim Risiko von Haftungsfällen nachvollziehbar sein: Sollte zum Beispiel auf einem Plakat, Flyer oder in einem anderweitigen Text ein falsches Datum für ein Event oder der falsche Preis für ein Produkt stehen, ist es wichtig, den Hergang der Content-Erstellung zurückverfolgen zu können.

Sobald die Finalversion eines Textes steht, sollten Content-Manager*innen diesen zur Sicherheit noch einmal einer Plagiatsprüfung unterziehen – zum einen aus rechtlichen Gründen, zum anderen, weil Suchmaschinen „einzigartigen Content" bevorzugen und besser einstufen. Darüber hinaus bietet es sich an, sich Freigaben zu Texten zur Sicherheit schriftlich geben zu lassen. Das kann umso wichtiger sein, je mehr Personen an dem Content Piece mitwirken.

Content veröffentlichen
Nachdem der Content finalisiert ist, geht es in den Veröffentlichungsprozess. Hier variieren die Content-Management-Systeme unter anderem dahingehend, ob man einen Text direkt ins System kopieren kann oder aber vorher eine HTML-Version des Texts erstellen muss (s. Abschn. 2.3 und 5.3). Wichtig sind dazu noch das Einpflegen der Meta-Informationen (Title Tag und Meta Description) und je nach Seitenaufbau des korrekt formatierten Bildes. Sobald der Text veröffentlicht ist, gilt es, einen letzten Sicherheitsblick zu machen: Lädt alles richtig? Ist der Text korrekt ausgespielt? Funktionieren alle Links? Zum Schluss sollte man immer die Position der Leser*innen einnehmen und den veröffentlichten Content noch einmal auf seine Benutzerfreundlichkeit prüfen.

Was noch alles dazugehört
Nachdem ein Content Piece veröffentlicht wurde, hört die Arbeit von Content-Manager*innen längst nicht auf. Es folgt, den Content-Tracker upzudaten (s. Abschn. 3.3), unter anderem für die langfristige Nachvollziehbarkeit sowie die Vorbereitungen von Social-Media-Posts, um auch entsprechend auf den Content zu verweisen und Aufmerksamkeit zu wecken. Ist der Artikel erst einmal ein paar Wochen online, sollten Content-Manager*innen prüfen, wie es um das Suchmaschinen-Ranking des Artikels steht (s. Kap. 5).

> **Transfer in die Praxis**
> Analysieren Sie Ihren Content-Prozess:
>
> - Orientieren Sie sich an einem Redaktionskalender?
> - Wie kommen die Themen zustande?
> - Sind die Briefings für externe Mitarbeiter*innen ausführlich genug?
> - Wie viel Energie fließt in die Keyword-Recherche?
>
> Überlegen Sie, ob Sie etwas an Ihrem Prozess ändern müssen, um fundierter zu arbeiten, ohne aber zu viel an Effizienz zu verlieren.

Content-Management mit KI: Chancen und Risiken

8

Zusammenfassung

Künstliche Intelligenz (KI) verändert die Arbeitswelt im hohen Maße, so auch den Job von Content-Manager*innen. Doch wird KI den echten Menschen tatsächlich so bald schon im Content-Management ersetzen? Welche Chancen bietet der Einsatz von KI im Content-Management? Welche Risiken birgt er? Und was bedeutet das für Content-Manager*innen? Dieses Kapitel liefert eine Einführung in dieses umstrittene Thema.

Was Sie aus diesem Kapitel mitnehmen
- Definition von Künstlicher Intelligenz (KI)
- Chancen von KI für das Content-Management
- Risiken von KI für das Content-Management
- Handlungsempfehlung für Content-Manager*innen im Umgang mit KI

Künstliche Intelligenz (KI) hat längst Einzug in das Privat- und Arbeitsleben gehalten. Wenn wir zum Beispiel eine Rückfrage an einen Kundenservice im Online-Handel haben, kommunizieren wir zumeist im ersten Schritt mit einem Chatbot, bevor wir mit einem echten Menschen in Kontakt kommen. Wenn wir eine Einkaufsliste schreiben oder etwas bestellen möchten, geben wir die Information oft schnell im Vorbeilaufen unserem heimischen Sprachassistenten weiter. Und wenn wir einen Text erstellen möchten? Fragen wir KI-Tools wie ChatGPT, kopieren den generierten Text und gut ist? Ganz so einfach ist es nicht. Künstliche Intelligenz kann Content-Manager*innen sicherlich bei ihrer Arbeit unterstützen. An dem Punkt, an dem Content-Manager*innen, Texter*innen und Journalist*innen komplett von KI ersetzt werden, sind wir allerdings nicht. Auch wenn es sich bei diesem Thema teilweise um eine Glaubensfrage handelt, die die Diskussionen in der Branche anfeuert, sprechen viele Gründe dafür, dass Maschinen textbasiertes Arbeiten – sofern es qualitativ hochwertig erfolgen soll – noch nicht gänzlich übernehmen können. KI bietet viele Chancen und Erleichterungen für die Content-Erstellung – und doch ist es die menschliche Komponente, die Content eine individuelle Note verleiht. Im Folgenden soll es aber nicht um einen Kampf gegen KI gehen, sondern darum, welchen Möglichkeiten sie im Content-Management bietet, welche Risiken man nicht übersehen sollte und wie sich demnach die Arbeit von Content-Manager*innen mit KI gestaltet.

8.1 Was ist Künstliche Intelligenz?

Laut Website des Europäischen Parlaments ist Künstliche Intelligenz „die Fähigkeit einer Maschine, menschliche Fähigkeiten wie logisches Denken, Lernen, Planen und Kreativität zu imitieren" (Europäisches Parlament, 2023). Das Gabler Wirtschaftslexikon beschreibt es als „Erforschung intelligenten Problemlösungsverhaltens sowie die Erstellung intelligenter Computersysteme. Künstliche Intelligenz beschäftigt sich mit Methoden, die es einem Computer ermöglichen, solche Aufgaben zu lösen, die, wenn sie vom Menschen gelöst werden, Intelligenz erfordern" (Lackes & Siepermann, 2018).

In anderen Worten: Bei Künstlicher Intelligenz handelt es sich um Computer, denen das intelligente Denken und Lernen beigebracht wurde und wird. Dies gelingt über immer größere Datenmassen, mit denen ein Computer gefüttert wird und die er immer besser einordnen, auswerten und strukturieren kann. So wie der Mensch auch, verbessert sich KI durch steigende Erfahrungswerte und Informationen. Die KI wird immer besser darin, Entscheidungen zu treffen und passende Antworten auf Fragen von Menschen zu finden – in einer Schnelligkeit, die ein Mensch selbst nicht erreichen kann.

8.2 Welche Chancen bringt KI für das Content-Management?

An KI-Tools führt kein Weg mehr vorbei – und das ist auch gar nicht notwendig. Während es falsch wäre, sich komplett auf KI zu verlassen und dieser den eigenen Job als Content-Manager*in zu 100 % zu überlassen, wäre es genauso falsch, den technischen Fortschritt und die damit einhergehenden Möglichkeiten zu ignorieren. Fakt ist: Künstliche Intelligenz kann für Zeitersparnis sorgen. Zum Beispiel erfolgen die ersten Recherchen über KI schneller, da man zielgerichtet Fragen stellen kann und die passenden Antworten bereits strukturiert erhält, je nach Formulierung des „Prompts", also des Befehls an das KI-Tool. Zur Sammlung von ersten Informationen und für die Inspiration bietet sich die Nutzung von KI also sehr gut an. Das hilft vor allem während der Ideenfindung oder aber während einer Schreibblockade. Man kann sich von KI auch vorhandene Texte umschreiben, Texte übersetzen oder neue Texte erstellen lassen, die man am Ende „nur" noch überarbeiten muss. Warum das „nur" in Anführungszeichen steht, dazu kommen wir in diesem Kapitel etwas später. Für diesen ersten Punkt ist festzuhalten, dass KI ein Hilfsmittel sein kann, mit dem man als Content-Manager*in effektiver und zeitsparender arbeiten kann. Aber bei allen Vorteilen ist es auch wichtig, einen Blick auf die Risiken zu werfen.

8.3 Welche Risiken durch KI können für das Content-Management bestehen?

Man stelle sich nun einmal vor, alle Content-Manager*innen der Welt würden sich auf KI verlassen und einfach nur die Texte, die ein Tool erstellt, kopieren und veröffentlichen. Was würde das bedeuten? Es würde bedeuten, dass Content an Individualität und Authentizität verlieren würde. Jedes Unternehmen würde den gleichen Content produzieren und veröffentlichen. Zum einen ist fraglich, ob Suchmaschinen diesen massenhaften Duplicate Content auf Dauer willkommen heißen würden, denn Konzepten wie E-E-A-T würden mehrfach verwendete KI-Texte nicht gerecht werden (hier sind sich viele Fachexpert*innen wie so oft uneins, ob Suchmaschinen KI-Content immer erkennen). Zum anderen besteht die Frage, ob Menschen nur Inhalte konsumieren möchten, die von einer Maschine und nicht von einem Menschen stammen. Natürlich gibt es Textformen, für die sich KI eignet – zum Beispiel für Erstversionen von Blogbeiträgen. Doch ein Erfahrungsbericht über eine Weltreise erstellt von Künstlicher Intelligenz? Diese Kombination würde wohl dafür sorgen, dass der Content an Glaubwürdigkeit verliert. Wer hat das alles erlebt? Von welchen Quellen stammen die verwendeten Informationen? Sind diese korrekt? Themen wie Urheberrecht, Datenschutz und das Risiko von Fake News sind weitere Aspekte, die den Umgang mit KI verkomplizieren. Denn Fakt ist, dass KI nicht alle negativen Inhalte filtern kann. Zudem besteht durch KI die Gefahr der Täuschung oder des Informationsmissbrauchs.

8.4 Was bedeutet KI für die Zukunft von Content-Manager*innen?

Künstliche Intelligenz kann Content-Manager*innen den Arbeitsalltag erleichtern: Recherche und Konzeptionierung gelingen schneller, was Zeit und Kosten spart. Und doch haben Content-Manager*innen nach wie vor die Aufgabe, Content zu generieren, der nutzwertig, hochwertig und authentisch ist – und demnach nach wie vor die eigene Handschrift und die Handschrift des Unternehmens verlangt. Wenn sich im Content die Philosophie, Werte und Vision eines Unternehmens wiederfinden sollen, dann braucht es (noch) den Menschen, der das Unternehmen kennt und diese Aspekte nuanciert im Content einarbeiten kann. Wie ist die Tonalität eines Unternehmens? Wo sollen welche Emotionen durch welche Botschaften bei Leser*innen geweckt werden? An welcher Stelle ist Ironie gefragt? Diese und mehr Fragen kann (zumindest noch) keine Künstliche Intelligenz völlig beantworten. Für das, was zwischen den Zeilen steht, wie Moral, Emotionen und ein Augenzwinkern, müssen Content-Manager*innen sorgen und nacharbeiten. Sprachgefühl und Feingefühl sind Eigenschaften, bei denen erfahrene Content-Manager*innen der KI überlegen sind – auch wenn dies erneut eine Glaubens- oder auch Geschmackfrage sein mag.

Der Wettbewerb um gute Ranking-Positionen mag durch KI angefeuert und von dieser auch unterstützt sein, und doch braucht es den Menschen, wenn es um persönliche Erfahrungen und Personalisierungen im Content geht. Content-Manager*innen können daher von KI erstellten Content als Ausgangsbasis für ihre Arbeit nehmen, sollten sich aber nicht komplett auf KI verlassen, sondern die Ergebnisse hinterfragen, Fakten prüfen, eigene Gedanken und Ideen ergänzen, Korrekturlesen, Nachbessern, mit der richtigen Tonalität versehen, die Einhaltung von SEO-Richtlinien sicherstellen und immer den Content dahingehend hinterfragen, ob er die richtige Botschaft bei der Zielgruppe abliefert und zum gewünschten Handeln führt.

Grundsätzlich sollten Content-Manager*innen mit KI zusammenarbeiten, ihr offen gegenüber sein und sie für sich nutzen. Mit dem Aufkommen immer neuer Technologien bedeutet das eine ständige Lernbereitschaft und den Willen, sich immer neue Fähigkeiten anzueignen. Der Job von Content-Manager*innen ist stetig im Wandel – und so auch ihr Anforderungsprofil. Professionelles Content-Management erfordert, die Weiterentwicklung von KI zu verfolgen, den Umgang mit neuen Tools zu lernen und neugierig zu bleiben bezüglich der Möglichkeiten, die sich durch Künstliche Intelligenz ergeben.

8.5 Wie verfasst man einen guten Prompt?

Prompts sind die Fragen oder Aufforderungen, die man in das Chatfenster eines KI-Tools eingibt. Die KI analysiert daraufhin diese Anfrage und generiert eine passende Antwort. Damit diese bestmöglich ausfällt, sollten Prompts so klar und präzise wie möglich formuliert sein. Konkret bedeutet das, dass die Sätze kurz und einfach formuliert sein sollten. Hilfreich ist es auch, ausreichend Kontext zu geben und bestimmte Schlüsselwörter zu verwenden, die wichtig für ein spezifisches Thema sind. Zu vermeiden sind Slang, sehr spezielle Fachbegriffe und Fragen, auf die eine KI vermutlich nur mit Ja oder Nein antworten wird.

Beispiel 1

Schreibe mir einen Blogbeitrag zum Thema „Spartipps für Studenten". Der Blogbeitrag sollte 800 Wörter lang sein. Der Sprachstil soll locker und witzig sein. ◄

Beispiel 2

Verfasse eine Checkliste mit Tipps für eine preiswerte Reise nach Lissabon. ◄

Prompting ist Übungssache. Mit jeder Eingabe und jedem Test einer KI wird man immer besser erkennen, welche Art von Prompt zu den Ergebnissen führt, die man sich wünscht. Zudem muss es natürlich nicht bei einem Prompt bleiben, um zum Beispiel einen Text zu erstellen. Hierbei kann man auch stufenweise vorgehen, also statt eines einzigen Prompts im Sinne von „Schreibe mir einen Blogbeitrag zu X" könnte man zum Beispiel auch die KI zu den einzelnen Aspekten eines Themas befragen, um so nach und nach die jeweiligen Abschnitte zusammenzufügen, die man für einen Text benötigt.

▶ **Hinweis** Die Antwort einer KI aus dem Chatfenster zu kopieren und ohne weitere Überarbeitung zu nutzen, ist in den meisten Fällen nicht zielführend. Stimmen die Fakten? Sind Zusammenhänge richtig dargestellt? Wie fließend sind die Überleitungen zwischen den unterschiedlichen Themenaspekten? Und entspricht die Tonalität der unseres Unternehmens? Content-Manager*innen müssen für den (meist noch sehr umfassenden) Feinschliff sorgen, nachdem sie Content über KI generiert haben – unter anderem, um den Themen SEO, Corporate Wording und zielgruppengerechte Ansprache auch wirklich gerecht zu werden.

Fazit

Das Thema KI im Content-Management ist eine Momentaufnahme. Künstliche Intelligenz wird immer besser und ausgereifter, sodass sie den Menschen bis zu einem gewissen Grad ersetzen kann. Aber unabhängig von der Frage, wie hilfreich es für die Fähigkeiten des Menschen auf Dauer sein wird, immer mehr Denkaufgaben an eine Maschine abzugeben, sollten Content-Manager*innen sich nicht um ihren Job fürchten: Vielmehr sollten sie sich bewusst sein, dass sich ihr Job immer im Wandel befindet. Durch das Aufkommen neuer Technologien ist immer wieder Lernbereitschaft gefragt sowie der Wille, sich neue Fähigkeiten anzueignen. Bei KI kommt es ganz darauf an, wie man sie nutzt. Verlässt man sich komplett darauf und geht das Risiko eines Qualitätsverlustes ein? Oder aber arbeitet man mit der KI, nutzt sie als Basis und als hilfreiches Tool im Content-Management, auf dem man seine Arbeit aufbaut? Letzteres vereint die zeitlichen Ersparnisse einer KI mit dem menschlichen Feingefühl.

Transfer in die Praxis
- Recherchieren Sie nach unterschiedlichen KI-Tools und probieren Sie sich aus – sei es nun für die Text- oder Bilderstellung. Testen Sie unterschiedliche Prompts in unterschiedlichen Tools und analysieren Sie die Ergebnisse. Welche gefallen Ihnen am besten? Wo bleibt mehr Arbeit für Sie als Content-Manager*in über und welches Tool liefert Ihnen die beste Basisversion eines Textes?
- Vergessen Sie nie: Hinterfragen Sie kritisch die Ergebnisse einer KI. Sind die Fakten korrekt? Entstehen durch bestimmte Formulierungen falsche Eindrücke bei der Zielgruppe? Und wird der erstellte Content Ihrem Qualitätsanspruch gerecht?

Literatur

Europäisches Parlament. (2023). https://www.europarl.europa.eu/topics/de/article/20200827STO85804/was-ist-kunstliche-intelligenz-und-wie-wird-sie-genutzt. Zugegriffen am 14.06.2024.

Lackes, R., & Siepermann, M. (2018). *Künstliche Intelligenz*. Gabler Wirtschaftslexikon. https://wirtschaftslexikon.gabler.de/definition/kuenstliche-intelligenz-ki-40285/version-263673. Zugegriffen am 14.06.2024.

9 Teamverantwortung: Content-Manager*innen als Führungskräfte

Zusammenfassung

Content-Manager*innen können je nach Teamstruktur und Teamgröße auch Führungsverantwortung haben – sei es für fest angestellte oder freiberufliche Texter*innen, Copywriter oder andere Content-Manager*innen. Dieses Kapitel widmet sich der Fragestellung, worauf Content-Manager*innen bei der Suche nach geeigneten Texter*innen achten sollten, und gibt Tipps für das People-Management.

Was Sie aus diesem Kapitel mitnehmen
- Tipps für die Suche nach Texter*innen für das eigene Content-Team
- Tipps für Content-Manager*innen als (redaktionelle) Führungskräfte

Je nach Unternehmen und Größe des Marketing-Teams ist es möglich, dass Content-Manager*innen die Verantwortung für (freiberufliche) Texter*innen haben, die bei der Content-Erstellung unterstützen. Ob diese Texter*innen nun fest angestellt sind oder als Freiberufler*innen das Team supporten: Beim Umgang mit anderen Redakteur*innen, Texter*innen oder Content-Manager*innen, die einem unterstellt sind, gibt es ein paar Tipps für eine erfolgreiche Zusammenarbeit.

9.1 Mit welchen Fragen findet man passende Texter*innen für das Team?

Für Content-Manager*innen, die ein Team aufbauen oder ausbauen und in diesem Rahmen passende Texter*innen auswählen sollen, folgen hier einige Fragen, die während des Vorstellungsgesprächs bei der Wahl der richtigen Kandidat*innen unterstützen.

- *Welche Themen haben Sie als Texter*in bisher behandelt? Welche haben Ihnen besonders gefallen?* Mit dieser Frage lassen sich nicht nur die Erfahrungen, sondern auch die Vorlieben des Gegenübers herausfinden. Je interessanter und spannender Texter*innen ein Thema finden, umso besser wird erfahrungsgemäß der Text ausfallen.
- *Mit welchen Content-Formaten haben Sie Erfahrung?* (sowohl textbasiert als auch in anderen Formaten, falls relevant) Auch diese Frage dient dazu, einen Überblick darüber zu erhalten, mit welcher Content-Vielfalt die Texter*innen vertraut sind und welche Formate ihnen am besten gelingen könnten.
- *Wie gehen Sie einen Text an? Können Sie Ihre Vorgehensweise beschreiben?* Mit dieser Frage erhält man einen sehr guten Einblick in die Arbeitsweise des Gegenübers. Wie strukturiert ist er/sie? Welche Tools kommen zum Einsatz? Kennt sich der Kandidat bzw. die Kandidatin mit SEO aus? Erfolgt am Ende ein Korrekturlesen oder Plagiatscheck? Über diese Frage kommt vor allem der Qualitätsanspruch eines Texters bzw. einer Texterin zum Vorschein.
- *Was wissen Sie über SEO? Wie setzen Sie es ein?* Diese Frage zielt erneut auf das Know-how des Gegenübers ab. Wie tiefgehend ist das Wissen über SEO? Sind die Grundbegriffe bekannt? Sind zudem die wichtigsten SEO-Richtlinien bekannt und beachtet der Texter bzw. die Texterin diese während der Content-Erstellung?
- *Nutzen Sie KI für die Texterstellung/Content-Erstellung? Wenn ja, wie?* Falls dies noch nicht in der Frage nach der Arbeitsweise beinhaltet war, könnte man gezielt nach dem Einsatz von KI fragen. Werden gängige KI-Tools genutzt? Wenn ja, wie? Für Recherche oder für eine Erstversion? Liest der Texter bzw. die Texterin am Ende Korrektur und passt den Text noch einmal an?
- *Welche Erfahrungen haben Sie im Umgang mit CMS?* Sollte der Texter bzw. die Texterin selbst Content veröffentlichen müssen, sind Erfahrungen im Umgang mit Content-Management-Systemen hilfreich.

▶ **Hinweis** Diese Fragen zielen speziell auf die Tätigkeit als Texter*in ab und stellen keinen vollständigen Leitfaden für ein Vorstellungsgespräch dar. Über die fachlichen Fragen hinaus sollten auch Informationen zu Stelle, Aufgaben, Zielen und Teamstruktur Bestandteile eines Interviews sein.

9.2 Wie gelingt eine erfolgreiche Zusammenarbeit mit Texter*innen?

Wenn Content-Manager*innen mit Texter*innen arbeiten, ergeben sich – unabhängig davon, ob eine Hierarchie besteht – ein paar Grundregeln, die eine erfolgreiche und positive Zusammenarbeit fördern und die verantwortliche Content-Manager*innen daher berücksichtigen sollten.

Trainings anbieten und durchführen
Wenn neue Texter*innen ein Team ergänzen, sollten führende Content-Manager*innen direkt die notwendigen Trainings ansetzen – zumindest, wenn es sich um Festanstellungen handelt. Bei freiberuflichen Texter*innen, die nur vereinzelt Projekte übernehmen, kann das Aushändigen der notwendigen Styleguides ausreichen, je nach Content-Politik innerhalb eines Unternehmens oder Marketing-Teams. Bei fest angestellten Texter*innen ist es jedoch sinnvoll, Einführungen bezüglich der Zielgruppe, der Zielbotschaften, Tone-of-Voice, Corporate Wording und SEO-Guidelines zu geben, damit auf lange Sicht ein einheitlicher Stil eingehalten wird.

Briefings klar und verständlich formulieren
Zu einem lückenlosen Projekt-Briefing für Texter*innen gehören als Minimum das Thema und die Zielgruppe eines Beitrags, die gewünschte Textlänge und die recherchierten Keywords. Zusatzinformationen können sein, ob ein bestimmter Themenaspekt besonders hervorgehoben werden soll oder nicht. Je nach Projekt können auch zusätzliche Angaben zu gewünschter Tonalität notwendig sein. Alles Weitere sollten Texter*innen aus vorhandenen Styleguides ablesen können.

Nicht den Stil des Texters bzw. der Texterin überfahren
Man würde einen Satz rein stilistisch eigentlich anders formulieren? Bevor man hier in den Korrekturmodus kommt, sollte man sich fragen: Erfüllt der Satz seinen Zweck, ist logisch, grammatikalisch korrekt und liest sich trotzdem gut? Dann kann er vermutlich so stehen bleiben. Beim Korrigieren sollte es nicht darum gehen, den Text in den eigenen Stil zu übersetzen (denn dann könnte man diesen ja auch direkt selbst schreiben), sondern darum, ob hier ein interessanter, nutzwertiger, qualitativ hochwertiger und gut geschriebener Text für die Zielgruppe entstanden ist, der SEO-Richtlinien erfüllt und eine korrekte Rechtschreibung und Grammatik aufweist. Natürlich ist es erlaubt, hier und da stilistische Vorschläge zu machen. Wenn man jedoch einen Texter bzw. eine Texterin für entsprechendes Talent und entsprechende Fähigkeiten eingestellt hat, sollte man diesen auch Raum geben.

Korrekturen per Kommentarfunktion erläutern
Sollten Korrekturen fällig sein, die über Rechtschreibung und Grammatik hinausgehen – wie zum Beispiel der fehlerhafte Einsatz von Keywords, ein unlogischer Aufbau oder aber fehlende Beispiele – dann sollten Content-Manager*innen diese Korrekturen auch kurz per Kommentarfunktion erläutern, damit der Texter bzw. die Texterin es beim nächsten Mal besser machen kann. Je nachdem kann es auch sinnvoll sein, ein Feedback-Gespräch zu vereinbaren, um die Richtung für das nächste Projekt klarer vorzugeben.

Für Rückfragen verfügbar sein
Ein Texter bzw. eine Texterin hat eine Rückfrage zum Briefing oder zu einem Keyword? Für eventuelle Rückfragen sollte man als Content-Manager*in auf jeden Fall zur Verfügung stehen – auch damit das Ergebnis am Ende stimmt.

Regelmäßige Feedback-Gespräche anbieten und einplanen
Vor allem, wenn Texter*innen hierarchisch unterstellt sind, sollten Content-Manager*innen regelmäßige Feedback-Gespräche anbieten – sowohl für unternehmensinterne Updates und Projektplanungen als auch für Entwicklungsrücksprachen mit den Texter*innen. Zudem kann man sich danach erkundigen, ob das aktuelle Arbeitspensum machbar ist, oder umfangreichere Kritikpunkte ansprechen, falls vorhanden.

Für Austausch zwischen den Texter*innen sorgen
Sollten in einem Team mehrere Texter*innen arbeiten, die den Content-Manager*innen unterstellt sind, macht es zudem Sinn, für Austausch zwischen den Texter*innen zu sorgen. Manche möchten vielleicht nicht immer direkt die vorgesetzten Content-Manager*innen ansprechen, wenn eine Rückfrage besteht. So können sie sich im ersten Schritt erst einmal gegenseitig bei Unklarheiten unterstützen.

Transfer in die Praxis
- Erstellen Sie eine Liste an Fragen, die Sie zukünftigen Texter*innen bei einem Vorstellungsgespräch stellen möchten. Nutzen Sie diese fortan als Vorlage für Vorstellungsgespräche im Bereich Content.
- Sie sind bereits Führungskraft im Content-Management: Fragen Sie Ihre Texter*innen und generell Mitarbeiter*innen, welche Trainings diese gerne noch hätten. Sind hier interne oder externe Fortbildungen notwendig oder sinnvoll?
- Richten Sie, falls noch nicht geschehen, regelmäßige Feedback-Gespräche mit Ihren Texter*innen ein. Hierbei können Sie sich zu Entwicklungen der Branche, aber auch zu neuen Ideen austauschen.

10 Abteilungsübergreifende Kommunikation und Zusammenarbeit

Zusammenfassung

Content-Manager*innen bewegen sich zu einem Großteil in Content-Management-Systemen, KI-Tools oder im Bereich SEO. Jedoch gehören zu ihrer Arbeit durchaus die reale Kommunikation mit Kolleg*innen aus anderen Abteilungen oder Gespräche mit Kund*innen – ob nun für die Zielgruppenanalyse oder Input-Gespräche. Dieses Kapitel liefert Tipps für die abteilungsübergreifende Kommunikation und Zusammenarbeit.

Was Sie aus diesem Kapitel mitnehmen
- Hilfreiche Praxistipps für die abteilungsübergreifende Kommunikation und Zusammenarbeit mit Kolleg*innen
- Hilfreiche Praxistipps für die abteilungsübergreifende Kommunikation und Zusammenarbeit mit Kund*innen

Als Content-Manager*in ist die Kommunikation der Hauptaspekt des Jobs – sowohl in Form von unterschiedlichen Content-Formaten als auch während der direkten Kommunikation mit Kolleg*innen, Kund*innen oder Angestellten. Die folgenden Tipps erleichtern Content-Manager*innen die Prozesse während der Content-Erstellung und des Content-Managements.

Perspektive wechseln
Ob nun Kund*in, Kolleg*in aus einer anderen Abteilung, freiberufliche*r Texter*in oder andere Content-Manager*innen im gleichen Team: Jede Person hat einen anderen Blick auf ein Content-Format. Während Person X eine Überschrift auf ihre Weise formulieren würde, sieht Person Y es vielleicht ganz anders. Zu den unterschiedlichen Geschmäckern kommt noch hinzu, dass unterschiedliche Personen unterschiedliche Lesearten haben können. Während die einen die Ironie im Text erkennen und schmunzeln, ist sie für andere vielleicht nicht ersichtlich, sodass ein Text eine völlig andere Bedeutung bekommt. Als Content-Manager*in sollte man sich immer vorab fragen, aus welcher Perspektive jemand einen Text betrachtet. Hier ist jedoch nicht von der Zielgruppe die Rede, sondern von anderen an der Content-Erstellung beteiligten Personen. Nun kann es nicht die Aufgabe von Content-Manager*innen sein, hinter die Stirn aller beteiligten Personen zu schauen, jedoch können sie den nächsten Schritt beherzigen. Dieser wird auch die Thematik des Perspektivwechsels noch etwas verdeutlichen.

Vorgehensweise erklären
- Warum ist ein Themenaspekt im E-Book, den der Vertrieb eigentlich nicht für wichtig erachtet? Gab es Gründe aus Marketing-Perspektive?
- Warum ist ein bestimmtes Wort auf eine bestimmte Weise geschrieben? Hat das etwas mit dem verwendeten Keyword zu tun?
- Warum hat man einen Absatz komplett umgestellt? War die Struktur vielleicht nicht klar genug?

Dies sind drei von vielen möglichen Beispielen, die zeigen, wann es für Content-Manager*innen von Vorteil ist, wenn sie ihre Vorgehensweise erklären. Ganz nach dem Motto „Viele Köche verderben den Brei" kann es in der Content-Erstellung passieren, dass zu viele Input-Geber*innen oder Korrekturleser*innen einen Text „verderben". Nun ist es jedoch die Aufgabe von Content-Manager*innen, dass dies nicht passiert. Je besser Korrekturen oder Änderungen für alle Parteien erklärt sind, umso weniger kommt es zu Rückfragen und umso reibungsloser wird eine Content-Erstellung bis zur Finalisierung ablaufen.

Änderungsmodus und Kommentare nutzen
Damit die eben erwähnte Schleife genauso passieren kann – eine reibungslose Content-Schleife – sollten Content-Manager*innen immer darum bitten, sowohl den Änderungsmodus als auch die Kommentarfunktionen in einem Programm zu nutzen. Das gilt sowohl für Teamkolleg*innen als auch für Texter*innen oder Kund*innen. Was für Content-Manager*innen selbstverständlich klingt, ist man-

chen Kolleg*innen nicht bekannt. Fragen per Kommentar hinterlegen, zusätzlichen Input und Korrekturen einfügen, Vorschläge machen: Dies sollte im besten Falle schriftlich und in einem (Word-)Dokument erfolgen. Je nachvollziehbarer alle Beteiligten alle Informationen zusammentragen, umso besser und effizienter für den Prozess der Content-Erstellung. Je nachdem, wie umfangreich ein Feedback oder eine Erklärung ist, kann es auch sinnvoll sein, eine zusätzliche Erläuterung per E-Mail zu senden und immer darauf zu verweisen, dass Rückfragen auch per Telefon oder Videochat geklärt werden können. Letzteres ist in manchen Fällen die schnellere Option.

Mehrere Versionen abspeichern für die Nachvollziehbarkeit
Kollege X behauptet, er habe eine Information anders wiedergegeben, als nun im veröffentlichten Content zu lesen ist? Oder Kollegin Y sagt, sie habe eine Korrektur vorgenommen, die in der finalen Version nun nicht mehr zu sehen ist? Vor allem, wenn mehrere Beteiligte an einem Dokument arbeiten, kann es passieren, dass Textpassagen überschrieben werden oder Informationen verschwinden. Daher bietet es sich an, unterschiedliche Textversionen pro Korrekturschleife zu speichern. Dies mag umständlich erscheinen, dokumentiert aber, wer für welche Änderungen verantwortlich ist. Ob dieses Verfahren notwendig ist, hängt wiederum vom individuellen Projekt ab, kann aber in Fragen von Haftungsfällen ein ausschlaggebendes Beweismittel sein.

How-to-Anleitungen erstellen
Ob nun für neue Kolleg*innen innerhalb des Marketing-Teams, Freiberufler*innen oder Kolleg*innen aus anderen Abteilungen: How-to-Anleitungen für zum Beispiel die Anwendung von SEO-Richtlinien oder auch die Nutzung eines CMS sind ein hilfreiches Instrument für eine effiziente abteilungsübergreifende Zusammenarbeit. Dies schafft vor allem Konsistenz und Zeitersparnis.

Fragenkataloge für Input-Geber*innen erstellen
Manche Content-Formate haben stets die gleiche Struktur oder benötigen die gleichen Informationen, so zum Beispiel Erfahrungsberichte von Kund*innen oder der Aufbau einer Website. Für diese Content-Formate bietet es sich an, Fragenkataloge zu erstellen, die man jedem Input-Geber bzw. jeder Input-Geber*in erneut zusenden kann. Dies eignet sich auch je nach Format innerhalb des Unternehmens, zum Beispiel für die Broschüre für ein neues Produkt oder eine neue Dienstleistung. Auch wenn ein Input-Gespräch per Telefon stattfindet, bietet es sich an, vorab Fragenkataloge an die Input-Geber*innen zu senden, damit sich diese vorbereiten können oder zumindest wissen, was auf sie zukommt.

Transfer in die Praxis
- Überlegen Sie: Gibt es immer wieder die gleichen Stolperfallen in der Zusammenarbeit mit anderen Abteilungen? Welche Information fehlt auf deren Seite? Wäre es sinnvoll, einen einheitlichen Prozess zu etablieren und die entsprechenden Kolleg*innen darin für zukünftige Content-Projekte zu schulen?
- Erstellen Sie Fragenkataloge für Content-Formate, die Sie regelmäßig umsetzen, wie zum Beispiel für Case Studies. Bringen Sie diese in eine Basisform, die Sie je nach Projekt nur hier und da etwas anpassen müssen. Das spart Zeit und sorgt für Effizienz.

Die Zukunft des Content-Managements

11

Zusammenfassung

Werden Content-Manager*innen bald überflüssig, weil KI ihren Job übernimmt? Müssen Mensch und Maschine einfach besser zusammenarbeiten? Und inwiefern ändert das die Anforderungen an Content-Manager*innen? Dieses Kapitel wirft einen kurzen Blick in die Zukunft des Content-Managements.

Content-Management ist, wie dieser Quick Guide zeigt, ein umfassendes und teilweise komplexes Aufgabenfeld. Die Texterstellung bzw. Content-Erstellung allein macht dabei nur einen kleinen Teil aus. Vor allem die Themen Suchmaschinenoptimierung und Künstliche Intelligenz machen Content-Management zu einem Bereich, der technisches Wissen und analytische Fähigkeiten voraussetzt. Dies wird auch in Zukunft so bleiben – und sich eher noch verstärken. Mit dem Aufkommen neuer technischer Möglichkeiten steht auch der Job von Content-Manager*innen stets im Wandel. Das bedeutet jedoch nicht, dass professionelles Content-Management von allein durch KI-Tools gelingt: Diese mögen zwar immer ausgereifter werden, doch die menschliche Komponente ist nach wie vor relevant und notwendig für personalisierten und zielgruppengerechten Content, der den Werten, Visionen und Philosophien eines Unternehmens gerecht wird. Content-Manager*innen werden demnach nicht obsolet, sondern ihr Berufsbild ändert sich regelmäßig. Daher erfordert Content-Management Lernbereitschaft, Offenheit gegenüber neuen (technologischen) Entwicklungen sowie steigende Analysefähigkeiten. Content-Manager*innen sollten sich deshalb regelmäßig fortbilden und auch über den kreativen Tellerrand schauen, um neue Fähigkeiten zu erlernen, die ihren Wert auf dem Arbeitsmarkt erhöhen und professionelles Content-

© Der/die Autor(en), exklusiv lizenziert an Springer Fachmedien Wiesbaden GmbH, ein Teil von Springer Nature 2024
T. Müller, *Quick Guide Professionelles Content-Management*, Quick Guide, https://doi.org/10.1007/978-3-658-45814-0_11

Management ermöglichen. Dies können zum Beispiel regelmäßige Fortbildungen in SEO-Themen, aber auch für diverse Programmiersprachen sein. Das Testen unterschiedlicher KI-Tools und verschiedene Prompting-Methoden sollten ebenso zum Alltag von Content-Manager*innen gehören. Zudem ist es im Content-Management wichtig, immer nah an den Nutzer*innen zu bleiben: Was wollen Nutzer*innen lesen, wissen und konsumieren? In welcher Form? In welcher Tonalität und Länge? Der Fokus auf die Zielgruppe und auf die Themen, die diese interessiert, sollte immer an erster Stelle stehen. Erst dann folgen Keywords und Co.

Im letzten Schritt – mit vollem Bewusstsein, dass dieser einem Appell gleicht – sollten Content-Manager*innen sich immer vor Augen halten, dass sie in einer Künstlichen Intelligenz zwar einen hilfreichen Support finden, der zu Zeitersparnissen führt, sie dieser aber nicht „die ganze Arbeit" überlassen sollten, ohne einen eigenen Blick auf das Erstellte zu werfen. Trifft der Content die gewünschte Tonalität? Sind alle Fakten korrekt? Vermittelt der Content die richtigen Eindrücke und Botschaften? Finden sich die Wünsche, Ziele und Herausforderungen der Zielgruppe hier korrekt wieder? Dies sind Fragen, die Content-Manager*innen analysieren und sich beantworten müssen – unabhängig davon, ob sie den Content im ersten Schritt selbst erstellt haben oder durch eine KI haben erstellen lassen. Content-Management wird durch diese Kombination aus „alt" und „neu", aus menschlichem Talent und technischem Fortschritt ein spannendes Aufgabenfeld mit stetig neuen Herausforderungen – und somit zu einer langfristigen und branchenübergreifenden Challenge für Unternehmen.

Das Wichtigste rund um Content-Management aus diesem Buch

Zusammenfassung

Von Begriffsdefinitionen über das Jobprofil von Content-Manager*innen bis zu SEO-Faktoren und Tipps für die Zukunft: Dieses Kapitel führt die wichtigsten Fakten und Aussagen aus diesem Buch noch einmal auf.

Content-Management umfasst das Planen, Erstellen, Veröffentlichen, Analysieren und Überarbeiten von Inhalten. Es ist ein zentrales Aufgabengebiet im Rahmen von Content-Marketing.

Content-Manager*innen erfüllen viele unterschiedliche Rollen: Sie sind nicht nur Content Creator, sondern auch Zielgruppen-Expert*innen, Lead-Generator*innen, Suchmaschinenoptimierer*innen, Wissensvermittler*innen, Umsatz-Treiber*innen, Sprachrohr, Netzwerker*innen, Ghostwriter und Designer*innen in einem.

Fähigkeiten und Eigenschaften, die Content-Manager*innen mitbringen sollten, sind Sprachgefühl, Kreativität, Empathie, Sorgfalt, Strukturiertheit, analytisches Denken, Kommunikation, technisches Verständnis, Neugierde und Lernbereitschaft.

Die Aufgaben von Content-Manager*innen umfassen mehr als nur die Content-Erstellung: Content-Strategie, Content-Audits, SEO, Content-Analyse, Korrekturen, Veröffentlichungen und Monitoring sowie Tech-SEO, HTML und CMS-Aufbau gehören unter anderem zu ihrem Verantwortungsbereich.

Die folgenden Komponenten sind wichtig für eine fundierte Content-Strategie: Zielgruppenanalyse, Customer Journey, Content-Ziele, Content-Planung, Content-Recycling, Konkurrenzanalyse, SEO, Tone-of-Voice, Content-Analyse, Content-Audit, Content-Mapping sowie Content-Tracking.

© Der/die Autor(en), exklusiv lizenziert an Springer Fachmedien Wiesbaden GmbH, ein Teil von Springer Nature 2024
T. Müller, *Quick Guide Professionelles Content-Management*, Quick Guide, https://doi.org/10.1007/978-3-658-45814-0_12

Content-Tracking dient nicht nur der Übersicht über veröffentlichten Content, sondern auch der Suchmaschinenoptimierung: Um Duplicate Content und dadurch Abstrafungen im Suchmaschinen-Ranking zu vermeiden, sollte ein umfassender Content-Tracker unter anderem genutzte Keywords und weitere Angaben wie Autor*innen und Veröffentlichungsdatum pro Beitrag oder Seite enthalten.

Suchmaschinenoptimierung ist ein Marathon, kein Sprint: SEO ist keine Aufgabe, die irgendwann „erledigt" ist, sondern fordert eine langfristige Strategie sowie Lernbereitschaft und Offenheit gegenüber neuen (technischen) Gegebenheiten.

Wichtige Faktoren, die das Suchmaschinen-Ranking beeinflussen können, sind unter anderem der organische Traffic, qualitativ hochwertige Inhalte, das E-E-A-T-Prinzip, Evergreen Content, Benutzerfreundlichkeit, Konsistenz, Core Web Vitals und Backlinks.

Für Content-Manager*innen bedeutet SEO nicht nur, Texte mit Keywords zu füllen: Es erfordert einen umfassenden Blick auf sämtliche Faktoren sowohl auf inhaltlicher Ebene (Content-SEO) als auch auf technischer Ebene (Tech-SEO).

Einen Text für SEO zu optimieren, umfasst sowohl die Qualität der Informationen darin als auch dessen Struktur, Keywords, Sprachstil, Verlinkungen, Länge, HTML-Code, Meta-Daten sowie begleitende Bilder oder Infografiken.

Beim Einsatz von inklusiver und genderneutraler Sprache gibt es weder richtig noch falsch: Vielmehr ist es eine Glaubensfrage, ob und wie man inklusive Sprache einsetzt. Wichtig ist jedoch, dass sich inklusive Sprache und SEO nicht gegenseitig negativ beeinflussen, zum Beispiel indem gegenderte Formulierungen wichtige Keywords ersetzen, die ein hohes Suchvolumen mitbringen. Die Aufgabe, inklusive Sprache und SEO zu kombinieren, kann besonders knifflig für Content-Manager*innen sein, die oft beiden Themen gerecht werden müssen.

Storytelling ist eine Methode, bei der Informationen im Rahmen einer Geschichte an Leser*innen vermittelt werden, um deren Emotionen zu wecken und so eine stärkere Verbindung herzustellen.

Die einzelnen Schritte oder Phasen, die bei der Erstellung eines Content Pieces anfallen (können), sind Ideenfindung, Themen- und Keyword-Recherche, Konzepterstellung. Briefing, Vorlagennutzung, Content-Erstellung, Korrekturschleife, Plagiatscheck und Veröffentlichung.

Künstliche Intelligenz kann den Job von Content-Manager*innen erleichtern, da die Nutzung von KI-Tools zu Zeitersparnissen und Effizienzsteigerungen führen kann. Hier kommt es jedoch auf die richtige Nutzung an. Die menschliche Komponente ist nach wie vor relevant, um qualitativ hochwertige und zielgruppengerechte Inhalte zu erstellen.

Wenn Content-Manager*innen Teamverantwortung übernehmen, fallen die folgenden Aufgaben an: Regelmäßige Trainings, Briefings, Korrekturen, Feedback-Gespräche und abteilungsübergreifende Kommunikation.

Die Zusammenarbeit mit anderen Abteilungen oder Input-Geber*innen fordert von Content-Manager*innen je nachdem Perspektivwechsel, Erläuterungen zu Vorgehensweisen, Hilfestellungen sowie Anleitungen, zum Beispiel für die Nutzung von bestimmten Programmen.

Die Zukunft des Content-Managements bleibt spannend: Suchmaschinenoptimierung, KI und grundsätzlich der technologische Fortschritt belassen das Berufsfeld stetig im Wandel. Für Content-Manager*innen bedeutet das, dass sie Lernbereitschaft und Offenheit zeigen müssen und den Willen haben sollten, sich in ihrem Job immer wieder zu verändern.

Praktische Tools für professionelles Content-Management

Professionelles Content-Management kommt nicht ohne die Nutzung entsprechender Tools aus – von denen es zahlreiche gibt und sowohl kostenpflichtig als auch kostenlos zur Verfügung stehen. Die folgende Liste ist daher nur ein Auszug hilfreicher Tools, die Content-Manager*innen bei ihrer Arbeit nutzen können.

- **Answer the public:** Tool für die Keyword-Recherche
- **Canva:** Tool für das Design von Social-Media-Beiträgen, Infografiken, Präsentationen und mehr
- **ChatGPT und CoPilot:** Tools auf Basis von Künstlicher Intelligenz, zum Beispiel für die Recherche, Konzipierung oder Erstellung von ersten Textversionen
- **DeepL:** Übersetzungstool
- **Figma:** Tool für Designs, Formatierungen und Content-Erstellung
- **Keyword-Tools.org:** Tool für die Keyword-Recherche (fünf kostenlose Suchanfragen pro Tag)
- **Miro:** Kollaborations-Tool für die Erstellung von visuellen Inhalten, das sich zum Beispiel auch für Brainstorming oder Mindmapping eignet
- **MOZ:** Tool für die Keyword-Recherche (drei kostenlose Suchanfragen pro Tag)
- **Plagiarism Detector:** Tool für einen Plagiatscheck von Inhalten (bis zu 1000 Wörter)
- **Ranking Spy:** Tool für die Überprüfung von Ranking-Positionen von Webseiten
- **Screaming Frog:** Crawling-Tool für die Analyse von Webseiten, zum Beispiel in Bezug auf Duplicate Content, URL-Längen, Title Tags, Meta Descriptions und vieles mehr
- **Semrush:** Kostenpflichtiges SEO-Tool, unter anderem für Keyword-Recherchen, Analysen von Ranking-Positionen, Wettbewerbsanalysen, Backlink-Tracking und mehr

- **Seobility:** SEO-Tool für die Analyse von Webseiten, zum Beispiel in Bezug auf Suchmaschinen-Rankings
- **Sistrix Snippet Generator:** Tool für die Erstellung von Title Tags und Meta Descriptions
- **TinyPNG:** Tool zur Verkleinerung von Bildern
- **Trello:** Tool für das eigene Projektmanagement, zum Beispiel für unterschiedliche Projektphasen
- **Wordtohtml:** Tool für die Umwandlung und Formatierung von Inhalten in HTML

Glossar

Die folgende Auflistung dient als Einstieg und Nachschlagewerk, falls manche Begriffe während des Lesens unklar sein sollten.

Algorithmus (in Suchmaschinen)
Bei einem Algorithmus handelt es sich grundsätzlich um eine Zahl an unterschiedlichen Anweisungen, denen ein Computerprogramm folgt, um ein Problem zu lösen. Gibt jemand in einer Suchmaschine ein „Wo finde ich ein gutes chinesisches Restaurant in meiner Nähe?" sorgt ein Algorithmus dafür, dass die Suchmaschine die richtigen Ergebnisse für Nutzer*innen anzeigt, und entscheidet dies anhand bestimmter Kriterien, wie Keywords und entsprechender Suchmaschinenoptimierung auf den jeweiligen Webseiten.

Alt-Tag (oder auch Alt-Text bzw. Alt-Attribut)
Die Beschreibung eines Bildes, die auf einer Webseite angezeigt wird, wenn ein Bild nicht laden sollte. Diese sollte SEO-optimiert und prägnant formuliert sein.

Anker-Link (oder auch Anchor Link)
Bei einem Anker-Link handelt es sich um einen Sprung-Link, mit dem sich Nutzer*innen gezielt zu einer bestimmten Stelle auf einer Seite führen lassen, wie zum Beispiel zu einem bestimmten inhaltlichen Absatz.

Backlinks
Backlinks bezeichnen Verlinkungen, die von externen Webseiten auf die eigene Webseite führen. Je mehr qualitativ hochwertige Backlinks, umso besser für die eigene Seite.

Bounce Rate (oder auch Absprungrate)
Bleibt ein*e Nutzer*in nicht lange auf einer Seite und klickt sich schnell weiter auf eine andere, erhöht dies die sogenannte Bounce Rate. Je höher die Bounce Rate, umso schlechter ist dies für das Suchmaschinen-Ranking einer Seite.

Broken Links
Ein Broken Link entsteht, wenn eine Verlinkung wortwörtlich ins Nichts führt. Dies kann passieren, wenn man eine Seite löscht, zu der aber von anderen Stellen aus verlinkt wurde. Deshalb sollte man Webseiten, die man nicht mehr benötigt, nicht einfach nur löschen, sondern deren URL zu einer anderen passenden Webseite „redirecten" (umleiten). So landen Nutzer*innen, die auf eine Verlinkung zu dieser URL klicken, trotzdem an einer thematisch passenden Stelle. Anderenfalls finden sich Nutzer*innen auf einer 404-Fehlerseite wieder, was nicht nur die Nutzer*innen, sondern auch die Suchmaschine „verärgert".

Buyer Persona
Im Gegensatz zur Zielgruppe ist die Buyer Persona eine fiktive Person, die für den typischen oder auch idealen Kunden bzw. die typische ideale Kundin steht, den bzw. die man mit Marketing-Maßnahmen erreichen möchte. Dabei stehen Ziele und Herausforderungen dieser Person im Mittelpunkt, um die passende Lösung anbieten zu können.

Call-to-Action (CTA)
Beim sogenannten Call-to-Action handelt es sich um eine Aufforderung an eine*n Webseiten-Nutzer*in, eine bestimmte Handlung auszuführen. Dies kann zum Beispiel der Download eines Whitepapers, die Anmeldung zu einem Webinar oder auch eine Terminvereinbarung sein.

Cannibalization (oder auch Kannibalisierung)
Wenn sich zwei Webseiten gegenseitig kannibalisieren, bedeutet das, dass sie sich gegenseitig das gute Ranking in einer Suchmaschine wegnehmen, weil sie zum Beispiel vom exakt gleichen Thema handeln und mit den gleichen Keywords besetzt sind.

Canonical Tag
Der Canonical Tag ist ein HTML-Element, das Webseiten mit doppeltem Inhalt (Duplicate Content) korrekt auszeichnet, damit dies nicht zu Abstrafungen und schlechten Suchmaschinen-Rankings führt. Hat man eine oder mehrere Kopien einer Webseite, zum Beispiel in Online-Shops, oder aber mehrfach den gleichen

Content innerhalb einer Domain, zeichnet der Canonical Tag die Original-Seite (kanonische Seite) und die Kopien entsprechend aus. Die Kopien dieser Seite bewertet die Suchmaschine nicht mehr als „Duplicate Content".

Content-Audit
Bei einem Content-Audit geht es darum, den gesamten vorhandenen Content einer Website zu sichten und zu analysieren, welcher bestehen bleibt, überarbeitet oder entfernt bzw. umgeleitet werden muss.

Content-Management-System (CMS)
Hierbei handelt es sich um das System, in dem die Inhalte einer Website angelegt sind sowie veröffentlicht und gepflegt werden.

Content-Marketing
Content-Marketing ist eine Methode im Marketing, um mit nutzwertigen und interessanten Inhalten die Zielgruppe von einem Unternehmen oder von dessen Angeboten zu überzeugen.

Content-Recycling
Beim Content-Recycling geht es darum, bereits vorhandenen Content in neuer Form wiederzuverwenden und zum Beispiel für andere Medienformate anzupassen.

Conversion Rate
Die Konversionsrate ist eine prozentuale Kennzahl, die angibt, wie viele Nutzer*innen eine Handlung auf einer Website ausgeführt haben, zum Beispiel einen Download getätigt oder etwas gekauft haben. Social Proof, kurze Formulare für Downloads und optisch hervorgehobene CTAs zum Beispiel unterstützen die Conversion Rate.

Core Web Vitals
Core Web Vitals dienen dazu, die Nutzerfreundlichkeit einer Website messbar zu machen. Zu ihnen zählen Largest Contentful Paint (die Ladezeit des Hauptelements einer Seite, LCP), First Input Delay (Reaktionszeit der Seite bei Interaktionen, FID) und Cumulative Layout Shift (unerwartete Verschiebungen des Layouts einer Seite, CLS).

Crawler
Ein Crawler ist ein Computerprogramm, das das Internet durchsucht und Webseiten analysiert. Suchmaschinen nutzen Crawler, um Webseiten zu indexieren, also in ihrem Verzeichnis entsprechend aufzunehmen.

Disclaimer

Der Begriff Disclaimer steht für einen Haftungsausschluss. Es kann je nach Thema oder Themengebiet sinnvoll sein, einen solchen zu nutzen und entsprechend zu formulieren bzw. auf einer Webseite zu integrieren. Ein Beispiel wäre eine Wiedergabe von rechtlichen Informationen innerhalb eines Artikels, die aber keine konkrete Rechtsberatung darstellen. Ob und inwiefern ein Disclaimer notwendig oder sinnvoll ist, muss in jedem individuellen Fall neu entschieden werden.

Duplicate Content

Duplicate Content entsteht, wenn man mehrfach (fast) identischen Content veröffentlicht. Suchmaschinen strafen diesen doppelten Content mit einer Abstufung im Ranking ab. Duplicate Content kann alles sein, von einer kurzen Produktbeschreibung bis zu einer ganzen Webseite, die identisch mit einer anderen ist. Grundsätzlich sollte man deshalb Duplicate Content vermeiden. In manchen Fällen, in denen sich doppelter Content nicht vermeiden lässt, zum Beispiel in Online-Shops, bieten sich Canonical Tags an (s. den Eintrag in diesem Glossar).

Evergreen Content

Je länger das Thema eines Blogartikels oder auf einer Webseite wichtig und gültig (also evergreen) ist, umso besser für das Suchmaschinen-Ranking. Allgemeine Themen, die an keine Zeit gebunden sind, gelten als wertvoll – sowohl für Nutzer*innen als auch für die Suchmaschine. Sogenannter Point-in-Time-Content hingegen ist, wenn auch nicht ganz vermeidbar, kein Favorit von Suchmaschinen, da er nach einer gewissen Zeit an Relevanz verliert.

Hreflang-Tag

Ein Hreflang-Tag ist ein HTML-Element, mit dem man die geografische Ausrichtung und Sprache einer Webseite bestimmt, also in welchem Land diese Webseite ausgespielt wird. Wenn es mehrere Versionen einer Webseite in unterschiedlichen Sprachen gibt, lässt sich dies mit einem Hreflang-Tag markieren, sodass Suchmaschinen diese Information auslesen können. Dieses Attribut spielt vor allem im internationalen SEO eine wichtige Rolle.

HTML

HTML steht für „Hyper Text Markup Language" und ist eine textbasierte Programmiersprache für die Strukturierung von Webseiten.

Indexierung
Ein Index ist ein Verzeichnis, in dem sich alle von der Suchmaschine anerkannten (also gecrawlten und gespeicherten/indexierten) Webseiten befinden. Dieses Lexikon ist dynamisch und aktualisiert sich regelmäßig.

Junk-Code
Innerhalb eines HTML-Codes kann es sogenannten Junk-Code geben. Dieser hat keinen bestimmten Zweck innerhalb eines Codes, fördert also nicht die Qualität von Content. Junk-Code-Elemente, wie zum Beispiel   (no-break space, geschützes Leerzeichen), lassen sich mithilfe eines HTML-Cleaner-Tools manuell entfernen.

Keywords
Hierbei handelt es sich um Schlüsselwörter, die ein gewisses Suchvolumen pro bestimmter Zeitspanne, zum Beispiel innerhalb eines Monats, aufweisen und daher in Online-Texten vorkommen sollten, um für mehr Reichweite zu sorgen.

Keyword Density (oder auch Keyword-Dichte)
Das Verhältnis der Anzahl an Keywords zur Gesamtzahl an Worten im Text. Die Formel lautet dabei

$$\frac{Anzahl\ des\ Keywords\ auf\ der\ Webseite}{Anzahl\ aller\ Wörter\ auf\ der\ Webseite} * 100$$

Die ideale Keyword-Dichte ist ein umstrittenes Thema. Manche streben eine Dichte von ein bis drei Prozent an, andere eine Dichte von drei bis fünf Prozent. Wichtig ist in jedem Fall, eine Seite nicht mit Keywords unnatürlich zu überfrachten (s. auch Keyword-Stuffing).

Keyword-Stuffing
Die Anzahl der Keywords in einem Text sollte natürlich sein und den Lesefluss nicht stören. Keyword-Stuffing würde bedeuten, dass man ein Keyword unnatürlich oft in einem Text einsetzt, um so das Suchmaschinen-Ranking zu beeinflussen. Suchmaschinen bewerten Keyword-Stuffing allerdings als Spam und strafen dies potenziell mit einem schlechteren Ranking ab.

Künstliche Intelligenz (KI)
KI steht für Künstliche Intelligenz (auch Artificial Intelligence, AI). Künstliche Intelligenz ist ein Themenbereich der Informatik. Dabei imitiert ein Computer-

programm menschliche kognitive Fähigkeiten, indem Informationen abgerufen werden, die vorher in das Programm eingegeben wurden.

Landing Page
Eine Landing Page ist eine Webseite, auf die potenzielle Kund*innen geleitet werden, zum Beispiel durch Social-Media-Beiträge, Anzeigen, Blogartikel oder anderweitige Content-Formate. Ziel einer Landing Page ist es, diese Kund*innen zu einer bestimmten Handlung zu führen, wie zum Beispiel, ein E-Book im Austausch gegen Kontaktdaten herunterzuladen. Eine solche Handlung nennt man Conversion.

Lead-Generierung
Die Generierung von potenziellen Kund*innen zur Umsatzsteigerung, unter anderem durch Marketing-Maßnahmen wie Content-Marketing.

Meta Description
Die Kurzbeschreibung des Inhalts einer Webseite, die auf den Ergebnisseiten einer Suchmaschine angezeigt wird. Sie sollte maximal zwischen 155 und 160 Zeichen lang sein und das Primary Keyword der jeweiligen Webseite enthalten.

Migration
Bei einer Migration handelt es sich um den Prozess des Datenumzugs von einem System auf ein anderes. Eine Migration kann als Aufgabe für Content-Manager*innen anfallen, wenn ein Unternehmen das CMS wechseln möchte.

Noindex-Tag
Ein Noindex-Tag innerhalb des HTML-Codes zeigt der Suchmaschine an, dass sie eine Seite nicht indexieren soll. Diese findet demnach auch keine Berücksichtigung für das Suchmaschinen-Ranking.

Organic Traffic
Der organische Traffic beinhaltet alle Klicks auf nicht bezahlte Suchergebnisse innerhalb einer Suchmaschine. Diesen Traffic muss man sich also durch qualitativ hochwertigen und suchmaschinenoptimierten Content verdienen.

Point-in-Time-Content
Bei Point-in-Time-Content handelt es sich um Inhalte, die nur zu einem bestimmten Zeitpunkt wichtig oder gültig sind. Im Gegensatz dazu gibt es den sogenannten Evergreen Content, der unabhängig von einem Zeitpunkt, also langfristig für die Zielgruppe wichtig ist. Suchmaschinen bevorzugen Evergreen Content, da dieser

eine höhere Relevanz aufweist. Beispiele für Point-in-Time-Content sind Artikel wie „So schützen Sie sich vor Corona im Büro" oder Pressemeldungen über Events wie Award-Verleihungen.

Prompt
Ein Prompt ist ein Befehl oder eine Anweisung an eine Künstliche Intelligenz bzw. an ein KI-Tool.

Ranking
Hierbei handelt es sich um die Platzierung einer Webseite in der Suchmaschine. Je weiter oben, umso sichtbarer ist die Seite für Nutzer*innen.

Redirect
Ist eine Webseite zum Beispiel veraltet, gibt es die Möglichkeit, diese auf eine andere URL umzuleiten, also zu redirecten. Dies ist aus SEO-Perspektive die bessere Alternative zum Löschen einer Seite, da durch eine Weiterleitung keine 404-Fehlerseite entsteht, die wiederum schlecht für das Suchmaschinen-Ranking einer Website ist. Handelt es sich um eine permanente Weiterleitung, heißt diese 301-Redirect.

Reichweite
Die Reichweite gibt an, wie viele Personen man mit Content oder generell einer Werbemaßnahme erreichen kann oder erreicht hat. Je besser das Suchmaschinen-Ranking, umso sichtbarer ist eine Webseite und umso größer ist die Reichweite.

Responsive Webdesign
Ein responsives Webdesign bedeutet, dass sich das Design einer Webseite an das Endgerät eines Nutzers bzw. einer Nutzerin anpasst, also zum Beispiel an Desktop, Tablet oder Mobiltelefon. Ein Responsive Webdesign ermöglicht demnach immer die ideale Darstellung einer Webseite und erhöht die Benutzerfreundlichkeit.

SERP
SERP ist die Abkürzung für Search Engine Result Page und ist die Ergebnisseite, die Nutzer*innen in einer Suchmaschine angezeigt wird, nachdem diese eine Suchanfrage eingegeben haben.

Sichtbarkeit
Je besser das Ranking einer Webseite, umso mehr Nutzer*innen klicken auf diese Seite – umso sichtbarer ist diese also.

Snackable Content
Bei Snackable Content handelt es sich um Inhalte, die Nutzer*innen schnell und einfach konsumieren können und zudem unterhalten.

Social Proof
Der Social Proof umfasst alle positiven Bewertungen eines Unternehmens, zum Beispiel durch Kundenzitate auf der Website, Empfehlungen, Likes und Shares auf Social Media oder auch Zertifizierungen und Partnerschaften.

Suchmaschine
Suchmaschinen wie Google oder Bing sind Programme, die mithilfe von Datenbanken und Internetadressen die Suche nach bestimmten Informationen ermöglichen.

Suchmaschinenoptimierung, SEO (Search Engine Optimization)
Suchmaschinenoptimierung bedeutet, dass Inhalte „optimal" für eine Suchmaschine aufbereitet wurden, zum Beispiel durch Keywords, Struktur, Verlinkungen, Ladezeiten oder Formatierungen. Unter SEO fallen alle Maßnahmen, die dafür sorgen, dass Inhalte weit oben im Suchmaschinen-Ranking landen – also an Sichtbarkeit gewinnen.

Suchmaschinenwerbung, SEA (Search Engine Advertising)
Im Rahmen von SEA werden Anzeigen oberhalb der Ergebnisse auf Ergebnisseiten (SERPs) in Suchmaschinen ausgespielt. Unternehmen müssen sich dabei für Keywords entscheiden und entsprechend buchen, um auf der entsprechenden Ergebnisseite über den Suchergebnissen mit einer Anzeige zu erscheinen. Sobald ein*e Nutzer*in auf die Anzeige klickt, fallen für das Unternehmen Kosten an.

Suchvolumen
Das Suchvolumen eines Keywords zeigt an, wie oft nach einem Keyword innerhalb eines bestimmten Zeitraums in einer Suchmaschine gesucht wurde.

Technisches SEO
Technisches SEO ist ein Bereich der Suchmaschinenoptimierung. Hierzu zählen unter anderem der Website-Aufbau, URL-Strukturen, HTML-Code, Meta-Daten, Mobiloptimierung, Bildformatierung und Ladezeiten.

Testimonial
Hierbei handelt es sich um eine Weiterempfehlung oder Referenz, zum Beispiel durch einen Kunden bzw. eine Kundin.

Title Tag

Der Title Tag ist der Titel, der zu einer Webseite gehört und in den Ergebnisseiten einer Suchmaschine zusammen mit der Meta Description angezeigt wird. Er sollte maximal 60 Zeichen lang sein und das Primary Keyword einer Webseite beinhalten.

Tone-of-Voice

Der Tone-of-Voice ist die Tonalität, mit der ein Unternehmen nach außen zum Kunden oder zur Kundin kommuniziert.

Usability (oder auch Benutzerfreundlichkeit)

Die Usability einer Website ist umso höher, je zufriedenstellender sie für Nutzer*innen gestaltet ist, zum Beispiel durch Schnelligkeit und Stabilität. Usability ist eine wichtige Komponente der User Experience (UX), die die gesamte Erfahrung von Nutzer*innen mit einem Produkt umfasst.

Verweildauer

Je länger ein Nutzer bzw. eine Nutzerin auf einer Webseite bleibt, also je länger ein Seitenaufruf ist, umso besser bewertet eine Suchmaschine diese Seite. Eine hohe Verweildauer ist demnach förderlich für ein gutes Suchmaschinen-Ranking.

SPRINGER NATURE

GPSR Compliance

The European Union's (EU) General Product Safety Regulation (GPSR) is a set of rules that requires consumer products to be safe and our obligations to ensure this.

If you have any concerns about our products, you can contact us on ProductSafety@springernature.com

In case Publisher is established outside the EU, the EU authorized representative is:

Springer Nature Customer Service Center GmbH
Europaplatz 3
69115 Heidelberg, Germany

The manufacturer's authorised representative in the EU is Springer
Nature Customer Service Centre GmbH, Europaplatz 3, 69115 Heidelberg,
Germany. If you have any concerns regarding our products, please
contact ProductSafety@springernature.com

Printed and bound by CPI Group (UK) Ltd, Croydon, CR0 4YY
25/03/2026
02078187-0004